数学基础模块教学指导(下册)

丛书策划主编　路小军　张毕祥

丛书策划主审　徐志雄　杨　秋　杨　燕　张　冰　冷建文

主　　　　编　徐志雄　杨　秋　戴修锰

参　　　　编　黄雪亭　郎鹏飞　白　艳　孙萌霞　黄圆娇
　　　　　　　罗莎莎　杨继娟　何　晨　王　烨

北京理工大学出版社
BEIJING INSTITUTE OF TECHNOLOGY PRESS

版权专有 侵权必究

图书在版编目(CIP)数据

数学基础模块教学指导. 下册 / 徐志雄，杨秋，戴修锰主编. — 北京：北京理工大学出版社，2023.6
ISBN 978-7-5763-2515-7

Ⅰ.①数… Ⅱ.①徐… ②杨… ③戴… Ⅲ.①数学课—中等专业学校—教学参考资料 Ⅳ.①G634.603

中国国家版本馆CIP数据核字(2023)第117725号

出版发行 / 北京理工大学出版社有限责任公司	
社　　址 / 北京市海淀区中关村南大街5号	
邮　　编 / 100081	
电　　话 / (010)68914775(总编室)	
(010)82562903(教材售后服务热线)	
(010)68944723(其他图书服务热线)	
网　　址 / http://www.bitpress.com.cn	
经　　销 / 全国各地新华书店	
印　　刷 / 定州市新华印刷有限公司	
开　　本 / 787毫米×1092毫米　1/16	
印　　张 / 13	责任编辑 / 封　雪
字　　数 / 418千字	文案编辑 / 封　雪
版　　次 / 2023年6月第1版　2023年6月第1次印刷	责任校对 / 周瑞红
定　　价 / 44.00元	责任印制 / 边心超

图书出现印装质量问题，请拨打售后服务热线，本社负责调换

前　言

本书依据《中等职业学校数学课程标准》(2020年版)编写,旨在落实立德树人根本任务,推动"三教"改革,发展学生的数学学科核心素养,注重遵循中等职业学校学生的特点和实际数学基础水平,体现教材针对性和适度性,适合所有中职学生使用.

本书在内容编排上,紧紧围绕做中学、做中教的教育理念,充分践行"三教"改革,以"三学六环"教学模式为主线组织编排每一节,严格控制各章节的题量和难度,强化精讲多练,合作学习.

"三学六环"教学模式充分体现以学生为中心的教学理念,历经五年的教学实践,在昆明市官渡区职业高级中学课堂教学中取得成功,学生的学习兴趣和学习成绩得到较大提高,课堂教学效果明显改善,师生互动、生生互动和增值性评价成为课堂常态,学校公共学科中的"数学(基础模块)"获评云南省课程思政示范课程并上报教育部,2022年我校的三校生高考本科上线65人,本科上线率达42.7%,其中数学成绩优秀.2021年学校"德技并修育人模式"获云南省教学成果一等奖,2022年学校获评云南省首批"双优"学校.学校推广的"三学六环"教学模式让教师能轻松驾驭每一节课,顺利完成教学目标任务,彰显中职类型教育特色."三学六环"教学模式简介."三学"即导学—互学—评学;"六环"即导入—精讲—合作—巩固—互评—小结."导学"包括"导入"和"精讲"两个环节,引导学生通过学生的动口、动手、动脑、展示,达到发展数学兴趣,活跃思维,锻炼勇气,培养能力的目的;"互学"包括"合作""巩固"和"小结"三个环节,围绕本节的学习目标,精心设置随堂检测习题,帮助学生进行巩固训练,通过小组合作学习,助力学生巩固知识,培养学生合作学习习惯,通过小结,引导学生归纳重点、难点、易错点、规律和方法;"评学"是指"互评"环节,通过评价指标体系,建立多元评价方式,既关注结果,更重视过程.每章配有两套单元检测题,提供有针对性的训练与考核,为学生的增值性评价和效果评价提供参考.

需要说明的是,本书依据《中等职业学校数学课程标准》(2020年版)的学业质量要求,将习题分为两个层次,其中标"﹡"的题目是针对学习能力相对较强的学生设置的.

实施建议:

导学(20~25分钟)：激趣导入、要点梳理、典例精讲；

互学(10~15分钟)：巩固训练、合作展示、提炼小结；

评学(3~5分钟)：师生互评、生生互评、小组互评.

由于编者水平有限，书中难免有不妥之处，敬请广大读者批评指正，提出宝贵的意见和建议.

编　者

目 录

第五章 指数函数与对数函数 ··· (1)

  5.1 实数指数幂 ··· (1)

    5.1.1 有理数指数幂 ··· (1)

    5.1.2 实数指数幂 ··· (6)

  5.2 指数函数 ··· (11)

  5.3 对数 ··· (16)

    5.3.1 对数的概念 ··· (16)

    5.3.2 积、商、幂的对数 ··· (21)

  5.4 对数函数 ··· (26)

  5.5 指数函数与对数函数的应用 ·· (31)

  第五章 指数函数与对数函数单元检测卷(A) ··· (38)

  第五章 指数函数与对数函数单元检测卷(B) ··· (41)

第六章 直线与圆的方程 ··· (44)

  6.1 两点间距离公式和线段的中点坐标公式 ·· (44)

  6.2 直线的方程 ··· (48)

    6.2.1 直线的倾斜角与斜率 ··· (48)

    6.2.2 直线的点斜式方程和斜截式方程 ··· (53)

    6.2.3 直线的一般式方程 ··· (58)

  6.3 两条直线的位置关系 ··· (62)

    6.3.1 两条直线平行 ··· (62)

    6.3.2 两条直线相交 ··· (66)

　　　　6.3.3　点到直线的距离 …………………………………………………… (70)

　6.4　圆 ……………………………………………………………………………… (75)

　　　　6.4.1　圆的标准方程 …………………………………………………… (75)

　　　　6.4.2　圆的一般方程 …………………………………………………… (81)

　6.5　直线与圆的位置关系 ………………………………………………………… (86)

　6.6　直线与圆的方程应用举例 …………………………………………………… (93)

　第六章　直线与圆的方程单元检测卷(A) ……………………………………… (99)

　第六章　直线与圆的方程单元检测卷(B) ……………………………………… (102)

第七章　简单几何体 …………………………………………………………… (106)

　7.1　多面体 ………………………………………………………………………… (106)

　　　　7.1.1　棱柱 ………………………………………………………………… (106)

　　　　7.1.2　直观图的画法 ……………………………………………………… (111)

　　　　7.1.3　棱锥 ………………………………………………………………… (116)

　7.2　旋转体 ………………………………………………………………………… (121)

　　　　7.2.1　圆柱 ………………………………………………………………… (121)

　　　　7.2.2　圆锥 ………………………………………………………………… (126)

　　　　7.2.3　球 …………………………………………………………………… (131)

　7.3　简单几何体的三视图 ………………………………………………………… (134)

　第七章　简单几何体单元检测卷(A) …………………………………………… (141)

　第七章　简单几何体单元检测卷(B) …………………………………………… (145)

第八章　概率与统计初步 ……………………………………………………… (149)

　8.1　随机事件 ……………………………………………………………………… (149)

　　　　8.1.1　随机事件的概念 …………………………………………………… (149)

　　　　8.1.2　频率与概率 ………………………………………………………… (154)

　8.2　古典概型 ……………………………………………………………………… (160)

　8.3　概率的简单性质 ……………………………………………………………… (164)

　8.4　抽样方法 ……………………………………………………………………… (168)

  8.4.1 简单随机抽样 …………………………………………………(168)

  8.4.2 系统抽样 ………………………………………………………(173)

  8.4.3 分层抽样 ………………………………………………………(178)

 8.5 统计图表 ……………………………………………………………(182)

 8.6 样本的均值、方差和标准差 ………………………………………(188)

第八章 概率与统计初步单元检测卷(A) ……………………………………(193)

第八章 概率与统计初步单元检测卷(B) ……………………………………(197)

第五章 指数函数与对数函数

5.1 实数指数幂

5.1.1 有理数指数幂

【学习目标】

知识目标：

(1)识记 n 次根式的概念和性质，能区分奇次方根、偶次方根和 n 次方根.

(2)理解分数指数幂的概念.

(3)会进行根式与分数指数幂的互化.

(4)会进行有理数指数幂的运算.

技能目标：

(1)培养学生观察、分析问题的能力.

(2)培养学生严谨的思维和科学的计算能力.

素养目标：

(1)通过对有理数指数幂的探究，培养学生观察、积累、归纳、抽象的能力和语言表达能力.

(2)通过学习有理数指数幂的知识，培养学生一题多解的能力，提高学生分析问题和解决问题的能力.

【学习重点】

有理数指数幂的运算法则.

【学习难点】

n 次方根和 n 次算术根的区别与联系.

【导学】

一、导入：创设情景，导入课题

放射性元素在衰变过程中，其放射性核的数目衰变到原来的一半所需的时间称为放射性元素的半衰期．现实工作中常常利用放射性元素的半衰期的特性进行科学测算．某种元素同一个样本内有 N 个原子，半衰期是 10 天，10 天之后还有 $\frac{1}{2}N$ 个原子没有衰变，20 天之后，还有个 $\frac{1}{4}N$ 个原子没有衰变，没有衰变的原子数就可以用 $\frac{1}{2} \times \frac{1}{2} \times N$ 表示．以此类推，设衰变次数为 n 次，那么没有衰变的原子数如何表示？

根据衰变规律，容易推出，没有衰变的原子数为 $\underbrace{\frac{1}{2} \times \frac{1}{2} \times \frac{1}{2} \times \cdots \times \frac{1}{2}}_{n\text{个}} \times N$．

我们已学习过，n 个相同因子 a 的连乘积记作 a^n，称为 a 的 n 次幂．其中 a 称为幂的底数，简称底，n 称为幂的指数，即

$$a^n = \underbrace{a \cdot a \cdot a \cdot \cdots \cdot a}_{n\text{个}} (n \in \mathbf{N}^*)$$

规定当 $a \neq 0$ 时，

$$a^0 = 1, \quad a^{-n} = \frac{1}{a^n} = \left(\frac{1}{a}\right)^n$$

一般地，如果数 b 的 n 次方等于 a，即 $b^n = a (n \in \mathbf{N}^*, n > 1)$，那么称数 b 为 a 的 n 次方根．

①当 n 为偶数时，正实数 a 的 n 次方根有两个，分别用 $-\sqrt[n]{a}$ 和 $\sqrt[n]{a}$ 表示，其中 $\sqrt[n]{a}$ 称为 a 的 n 次算术根，负实数 a 的 n 次方根没有意义．

②当 n 为奇数时，实数 a 的 n 次方根只有一个，用 $\sqrt[n]{a}$ 表示．

③0 的 n 次方根为 0．

形如 $\sqrt[n]{a} (n \in \mathbf{N}^*, n > 1)$ 的式子称为 a 的 n 次根式，其中 n 称为根指数，a 称为被开方数．

练习 1

(1) 25 的 3 次方根可以表示为 _____，其中根指数为 _____，被开方数为 _____；

(2) 12 的 4 次算术根可以表示为 _____，其中根指数为 _____，被开方数为 _____．

练习 2

计算：$\sqrt[3]{-8}=$ _____ ；$\sqrt[4]{81}=$ _____ ；$(-5)^0=$ _____ ；$3^{-2}=$ _____ ．

二、精讲：突出重点，突破难点

如果指数是最简分数，我们规定：

① 当指数为正分数 $\dfrac{m}{n}$（m，$n\in \mathbf{N}^*$，$n>1$）时，$a^{\frac{m}{n}}=\sqrt[n]{a^m}$．

② 当指数为负分数 $-\dfrac{m}{n}$（m，$n\in \mathbf{N}^*$，$n>1$）时，$a^{-\frac{m}{n}}=\dfrac{1}{a^{\frac{m}{n}}}=\dfrac{1}{\sqrt[n]{a^m}}$．

当 n 为偶数时，a 的取值应使 $\sqrt[n]{a^m}$ 或 $\dfrac{1}{\sqrt[n]{a^m}}$ 有意义．

这样，就把整数指数幂推广到了有理数指数幂．

可以证明，当 $a>0$，$b>0$ 且 p，$q\in \mathbf{Q}$ 时，有理数指数幂有以下运算法则：

(1) $a^p \cdot a^q = a^{p+q}$．

(2) $(a^p)^q = a^{pq}$．

(3) $(ab)^p = a^p \cdot b^p$．

【互学】

三、合作：自主学习，小组合作

例 1 将下列各分数指数幂写成根式的形式：

(1) $3^{\frac{1}{2}}$；   (2) $a^{\frac{2}{5}}(a>0)$；   (3) $5^{-\frac{3}{2}}$；   (4) $a^{-\frac{1}{3}}(a>0)$．

例 2 将下列各根式写成分数指数幂的形式：

(1) $\sqrt{5}$；   (2) $\sqrt[4]{8^3}$；   (3) $\dfrac{1}{\sqrt[3]{2}}$；   (4) $\dfrac{1}{\sqrt[5]{a^3}}(a\neq 0)$．

四、巩固：当堂检测，突破自我

1. 将下列各分数指数幂写成根式的形式：

(1) $3^{\frac{3}{4}}$；　　(2) $\left(\dfrac{1}{5}\right)^{\frac{1}{6}}$；　　(3) $a^{-\frac{3}{5}}$；　　(4) $(-a)^{-\frac{2}{3}}$.

2. 将下列各根式写成分数指数幂的形式：

(1) $\sqrt[4]{8}$；　　(2) $\sqrt{13}$；　　(3) $\sqrt[3]{(-3)^5}$；　　(4) $\dfrac{1}{\sqrt[5]{a^4}}\,(a\neq 0)$.

五、小结：画龙点睛，提纲挈领

(1) 分数指数幂转化为根式满足：

$$a^{\frac{m}{n}}=\sqrt[n]{a^m}\ (m,n\in \mathbf{N}^*,\ n>1)$$

$$a^{-\frac{m}{n}}=\dfrac{1}{a^{\frac{m}{n}}}=\dfrac{1}{\sqrt[n]{a^m}}\ (m,n\in \mathbf{N}^*,\ n>1)$$

找到对应式子中的 m，n 代入公式即可.

(2) 根式转化为分数指数幂满足：

$$\sqrt[n]{a^m}=a^{\frac{m}{n}}\ (m,n\in \mathbf{N}^*,\ n>1)$$

$$\dfrac{1}{\sqrt[n]{a^m}}=\dfrac{1}{a^{\frac{m}{n}}}=a^{-\frac{m}{n}}\ (m,n\in \mathbf{N}^*,\ n>1)$$

找到对应式子中的 m，n 代入公式即可.

【评学】

六、互评：多元评价，促进成长

学生互评表													
评价项目	分值	等级							评价成员（第_____组）				
									1	2	3	4	5	6
学习态度	10	优	10	良	8	中	6	差	4					
课堂纪律	10	优	10	良	8	中	6	差	4					
文明用语	10	优	10	良	8	中	6	差	4					
互帮互助	10	优	10	良	8	中	6	差	4					
学习效果	10	优	10	良	8	中	6	差	4					
创新意识	10	优	10	良	8	中	6	差	4					
参与小组活动	10	优	10	良	8	中	6	差	4					
任务单完成情况	10	优	10	良	8	中	6	差	4					
笔记情况	10	优	10	良	8	中	6	差	4					
小组贡献率	10	优	10	良	8	中	6	差	4					
合计	100													

作业：课后巩固，夯实成果

一、选择题

1. $27^{\frac{2}{3}}$ 的值为（　　）．

   A. 3　　　　　B. 9　　　　　C. $\frac{1}{3}$　　　　　D. $\frac{1}{9}$

2. 在 $\left(-\frac{1}{2}\right)^{-1}$，$2^{-\frac{1}{2}}$，$\left(\frac{1}{2}\right)^{-\frac{1}{2}}$，$2^{-1}$ 中，最小的数是（　　）．

   A. $\left(-\frac{1}{2}\right)^{-1}$　　　B. $2^{-\frac{1}{2}}$　　　C. $\left(\frac{1}{2}\right)^{-\frac{1}{2}}$　　　D. 2^{-1}

3. 若 $10^{2x}=25$，则 $10^x=$（　　）．

   A. $-\frac{1}{5}$　　　　B. 5　　　　C. ± 5　　　　D. $\frac{1}{625}$

4*. （多选）下列说法中正确的是（　　）．

   A. $\sqrt[4]{81}$ 的运算结果为 ± 3

   B. 16 的 4 次方根是 2

   C. 当 n 为大于 1 的偶数时，$\sqrt[n]{a}$ 只有当 $a \geqslant 0$ 时才有意义

   D. 当 n 为大于 1 的奇数时，$\sqrt[n]{a}$ 对任意 $a \in \mathbf{R}$ 都有意义

二、填空题

5. 81 的 4 次算术根写作_____，计算结果为_____.

6*. 计算：$[(\sqrt{2})^4]^{\frac{1}{2}} = $_____.

三、解答题

7. 将下列各分数指数幂写成根式的形式（其中 $a>0$）：

(1) $5^{\frac{1}{2}}$；　　　　(2) $a^{\frac{3}{4}}$；　　　　(3) $a^{-\frac{1}{3}}$；　　　　(4) $a^{-\frac{3}{8}}$.

8*. 若 $a>0$，$b>0$，化简式子 $(3a^{\frac{2}{3}}b^{\frac{1}{6}})^3 \cdot (a^{\frac{3}{4}}b^{\frac{1}{6}})^4$.

5.1.2 实数指数幂

【学习目标】

知识目标：

(1) 掌握实数指数幂的运算法则.

(2) 会运用实数指数幂的运算法则进行化简.

(3) 能运用实数指数幂的运算法则及分数指数幂与根式间的互换进行计算.

技能目标：

(1) 培养学生观察、分析、归纳等逻辑思维能力.

(2) 培养学生勇于发现、勇于探索、勇于合作的精神.

(3) 培养学生学会用事物间普遍联系的观点看待问题.

素养目标：

(1) 培养学生数学推理能力.

(2) 通过从有理数指数幂到实数指数幂的扩充，提高学生从特殊到一般，从已知到未知的构建思想，培养学生解决问题时方法选择的多样性.

【学习重点】

实数指数幂的运算法则.

【学习难点】

运用实数指数幂的运算法则及分数指数幂与根式间的互换进行计算.

【导学】

一、导入：复习回顾，导入课题

分数指数幂与根式的互化满足：

$$a^{\frac{m}{n}} = \sqrt[n]{a^m} \ (m, n \in \mathbf{N}^*, n > 1)$$

$$a^{-\frac{m}{n}} = \frac{1}{a^{\frac{m}{n}}} = \frac{1}{\sqrt[n]{a^m}} \ (m, n \in \mathbf{N}^*, n > 1)$$

练习 1

将下列各式进行分数指数幂和根式互化：

(1) $6^{-\frac{2}{5}}$； (2) $\sqrt{10}$； (3) $a^{\frac{1}{5}}$； (4) $\frac{1}{\sqrt{a^3}}$.

练习 2

化简式子：$(a^3 b)^{\frac{1}{6}} \cdot (2ab)^{\frac{1}{2}}$.

二、精讲：突出重点，突破难点

在实数范围内，我们学习了有理数指数幂的运算，可以证明，当幂的指数为无理数时，无理数指数幂 $a^\alpha (a>0, \alpha$ 是无理数$)$ 是一个确定的实数．有理数指数幂的运算法则同样适用于无理数指数幂．

这样就将幂指数推广到了全体实数．

可以证明，当 $a>0, b>0$ 且 $\alpha, \beta \in \mathbf{R}$ 时，实数指数幂有以下运算法则：

(1) $a^\alpha \cdot a^\beta = a^{\alpha + \beta}$.

(2) $(a^\alpha)^\beta = a^{\alpha\beta}$.

(3) $(ab)^\alpha = a^\alpha \cdot b^\alpha$.

【互学】

三、合作：自主学习，小组合作

例 1 计算下列各式的值：

(1) $\left(\dfrac{1}{16}\right)^{\frac{1}{4}}$；   (2) $\left(\dfrac{3}{5}\right)^{\frac{2}{3}} \times \sqrt[4]{\dfrac{5}{3}} \times \left(\dfrac{3}{5}\right)^{-\frac{5}{12}}$；   (3) $0.125^{\frac{2}{3}}$.

例 2 化简下列各式 $(a>0, b>0)$：

(1) $(a^{\frac{1}{2}} + b^{\frac{1}{2}})(a^{\frac{1}{2}} - b^{\frac{1}{2}})$；   (2) $\sqrt[3]{a^{-3}b^2} \div \sqrt[3]{a^2} \div \sqrt[4]{b^3}$；

(3) $\dfrac{(2a^3b^2)^3}{(5a^2b)^2}$.

例 3 计算下列各式的值：

(1) 若 $x^m = 3$，$x^n = \dfrac{1}{4}$，求 x^{2m-n} 的值；

(2) 若 $2^m = a$，$3^m = b$，求 6^m 的值.

四、巩固：当堂检测，突破自我

1. 计算下列各式的值：

(1) $\sqrt[3]{3} \times \sqrt[4]{3} \times \sqrt[4]{27}$；   (2) 若 $a + 3b = 3$，求 $3^a \times 27^b$ 的值.

2. 化简下列各式($a>0$，$b>0$)：

(1) $\dfrac{a^2}{\sqrt[3]{a}\sqrt[3]{a^2}}$；

(2) $(a^{\frac{2}{3}}b^{\frac{1}{2}})^3 \cdot (3a^{-\frac{1}{2}}b^{\frac{5}{3}})^2$.

五、小结：画龙点睛，提纲挈领

当 $a>0$，$b>0$ 且 $\alpha, \beta \in \mathbf{R}$ 时，实数指数幂有以下运算法则：

(1) $a^{\alpha} \cdot a^{\beta} = a^{\alpha+\beta}$.

(2) $(a^{\alpha})^{\beta} = a^{\alpha\beta}$.

(3) $(ab)^{\alpha} = a^{\alpha} \cdot b^{\alpha}$.

【评学】

六、互评：多元评价，促进成长

教师综合评价表				
评价项目		评价标准	分值	得分
考勤(10%)		无无故迟到、早退、旷课现象	10	
学习过程 (60%)	课前准备	课前预习工作完善，准备充分	10	
	课堂参与	能够积极参与课堂活动的开展、展示	10	
	学习态度	态度端正，无故意扰乱课堂现象	10	
	合作能力	与小组成员关系协调、合作良好	10	
	职业素养	在学习过程中能体现本专业职业素养	10	
	创新意识	在课堂上有创新意识，提出不同见解	10	
学习成果 (30%)	学习完整	能按时完成各环节学习任务	10	
	作业情况	能保证课堂、课后作业正确率	10	
	成果展示	能准确表达、及时复述学习收获	10	
合计			100	

作业：课后巩固，夯实成果

一、选择题

1. $\sqrt[4]{(3-\pi)^4} + \sqrt[5]{(3-\pi)^5}$ 的运算结果是（　　）.

A. 0　　　　　B. $3-\pi$　　　　　C. $3+\pi$　　　　　D. 3

2. 若 $3^m=4$，$3^n=2$，则 $3^{2m-n}=($).

A. 8   B. 12   C. 16   D. 24

3. （多选）下列等式中成立的是（   ）.

A. $a^{\frac{1}{3}} \cdot a^{-\frac{1}{3}}=0$ B. $a^{\frac{1}{2}} \cdot a^{\frac{1}{3}}=a^{\frac{1}{6}}$ C. $a^2\sqrt{a}=a^{\frac{5}{2}}$ D. $(a^2)^3=a^6$

4*. 已知 $a^{\frac{1}{2}}+a^{-\frac{1}{2}}=3$，则 $a+a^{-1}=($).

A. $\sqrt{3}$ B. 9   C. 81   D. 7

二、填空题

5. 计算：$\left(\dfrac{2}{3}\right)^{2023} \times \left(\dfrac{3}{2}\right)^{2022} = $ _____ .

6*. 计算：$27^{\frac{1}{3}} \times 9^2 \times \left[\left(-\dfrac{1}{3}\right)^{\frac{2}{3}}\right]^3 = $ _____ .

三、解答题

7. 化简下列各式（$a>0$，$b>0$）：

(1) $\sqrt[3]{\dfrac{b^2}{a}} \cdot \sqrt[3]{ab}$；

(2) $\sqrt[3]{\dfrac{27a^3b^5}{(a^2b)^3}}$.

8*. 规定两数 a，b 之间的一种运算，记 (a,b)，如果 $a^c=b$，那么 $(a,b)=c$.

例如：因为 $2^3=8$，所以 $(2,8)=3$.

(1) 根据上述规定，填空：

$(4,64)=$ _____ ，$(2\,023,1)=$ _____ ，$\left(4,\dfrac{1}{16}\right)=$ _____ .

(2) 小米在运算时发现一个特征：$(3^n,4^n)=(3,4)$，并给出如下证明：

设 $(3,4)=x$，则 $3^x=4$. 所以 $(3^x)^n=4^n$，即 $(3^n)^x=4^n$. 所以 $(3^n,4^n)=x$. 所以 $(3^n,4^n)=(3,4)$.

试参照小米的计算过程，解决问题：$(8,1\,000)-(32,100\,000)$.

5.2 指数函数

【学习目标】

知识目标：

(1)理解指数函数的概念和图像，掌握研究函数规律的方法．

(2)能够应用指数函数的图像及性质解决问题．

技能目标：

体会从一般到特殊研究问题的方法，提升逻辑推理核心素养．

素养目标：

(1)经历或体验指数函数的认知过程，养成严谨的思维习惯．

(2)参与数学建模过程，感受生活中的数学模型，体会数学知识的应用．

(3)经历合作学习的过程，树立团队合作意识．

【学习重点】

(1)通过实例理解掌握指数函数的概念．

(2)根据函数图像归纳指数函数的性质．

【学习难点】

能够应用指数函数的图像及性质解决问题．

【导学】

一、导入：创设情景，导入课题

问题 1

一张纸，对折 1 次成 2 张，对折 2 次成 4 张，对折 3 次成 8 张，…，若已知对折次数，该如何求得到的纸张数？

对折次数 x	1	2	3	…	x
纸张数 y	$2=2^1$	$4=2^2$	$8=2^3$	…	$y=2^x$

问题 2

若上述进行对折的纸张的面积为 1，对折 1 次后面积变为原来的 $\dfrac{1}{2}$，对折 2 次后面积变为原来的 $\dfrac{1}{4}$，对折 3 次后面积变为原来的 $\dfrac{1}{8}$，…，若已知对折次数，该如何求纸张的面积？

对折次数 x	1	2	3	$\cdots$	x
纸张面积 y	$\dfrac{1}{2}=\left(\dfrac{1}{2}\right)^1$	$\dfrac{1}{4}=\left(\dfrac{1}{2}\right)^2$	$\dfrac{1}{8}=\left(\dfrac{1}{2}\right)^3$	$\cdots$	$y=\left(\dfrac{1}{2}\right)^x$

二、精讲：突出重点，突破难点

1. 指数函数的概念

一般地，形如 $y=a^x$（$a>0$ 且 $a\neq 1$）的函数叫作指数函数，其中常数 a 称为指数函数的底数，指数 x 为自变量，$x\in \mathbf{R}$.

练习 1

下列函数中，哪些是指数函数？

(1) $y=4^x$；　　　(2) $y=(-4)^x$；　　　(3) $y=x^4$；　　　(4) $y=4^{x+1}$.

2. 指数函数的图像及性质

观察思考：函数 $y=2^x$ 和 $y=\left(\dfrac{1}{2}\right)^x$ 有什么共同特征？

探究：类比幂函数的研究过程，利用"描点法"作出指数函数 $y=2^x$ 和 $y=\left(\dfrac{1}{2}\right)^x$ 的图像.

①列表.

x	$\cdots$	-3	-2	-1	0	1	2	3	$\cdots$
$y=2^x$	$\cdots$	$\dfrac{1}{8}$	$\dfrac{1}{4}$	$\dfrac{1}{2}$	1	2	4	8	$\cdots$
$y=\left(\dfrac{1}{2}\right)^x$	$\cdots$	8	4	2	1	$\dfrac{1}{2}$	$\dfrac{1}{4}$	$\dfrac{1}{8}$	$\cdots$

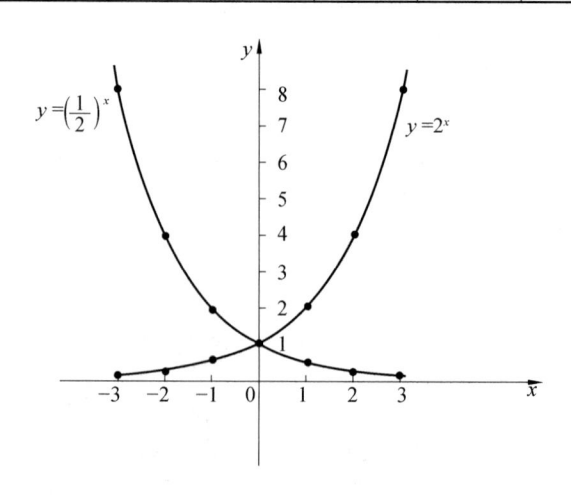

②描点.

③连线.

讨论与探究：

①图像分别在哪几个象限？

②图像的上升、下降与底数有什么关系？

③图像中有哪些特殊的点？

指数函数	$y=a^x(a>0$ 且 $a\neq 1)$	定义域	$x\in \mathbf{R}$
值域	$y\in(0,+\infty)$	定点	$(0,1)$
底数	$a>1$		$0<a<1$
图像			
单调性	在 $\mathbf{R}$ 上是增函数		在 $\mathbf{R}$ 上是减函数

【互学】

三、合作：自主学习，小组合作

例 1 判断下列函数在 $(-\infty,+\infty)$ 内的单调性：

(1) $y=4^x$；　　　(2) $y=\left(\dfrac{1}{5}\right)^x$；　　　(3) $y=3^{-x}$.

例 2 比较大小：$1.7^{2.5}$ 与 1.7^3.

例 3 求下列函数的定义域：

(1) $y=3^{\frac{1}{x}}$；　　　　　　　(2) $y=\dfrac{2}{3^x-1}$.

四、巩固：当堂检测，突破自我

1. 已知指数函数 $f(2)=25$，试判断函数的单调性.

2. 已知 $0.8^5 < 0.8^{x+1}$，求 x 的取值范围.

五、小结：画龙点睛，提纲挈领

$y=a^x(a>0$ 且 $a \neq 1)$ 的图像特征：

(1) 函数图像都在 x 轴的上方，向上无限延伸，向下无限接近 x 轴.

(2) 函数图像都经过定点 $(0,1)$.

(3) $y=a^x$ 与 $y=a^{-x}$ 的图像关于 y 轴对称.

【评学】

六、互评：多元评价，促进成长

学生自评表			
评价项目	评价标准	分值	得分
考勤	无无故迟到、早退、旷课现象	10	
课前准备	课前预习工作完善，准备充分	10	
课堂参与	能够积极参与课堂活动的开展、展示	10	
学习态度	态度端正，无故意扰乱课堂现象	10	
合作能力	与小组成员关系协调、合作良好	10	
创新意识	在课堂上有创新意识，提出不同见解	10	
学习效能	学有所得，能按时按质完成课后作业	10	
数学素养	获得一定的数学抽象、逻辑推理、数学建模、数学运算、直观想象、数据分析能力	10	
职业素养	在学习过程中能体现本专业职业素养	10	
道德品质	通过学习获得一定的道德品质提升	10	
合计		100	

作业：课后巩固，夯实成果

一、选择题

1. 已知 $a>b>0$，那么 2^a，2^b，3^0 的大小关系是（　　）．

   A. $2^a>2^b>3^0$ B. $2^b<2^a<3^0$ C. $2^b<3^0<2^a$ D. $2^a<3^0<2^b$

2. 函数 $y=(a^2-4a+4)a^x$ 是指数函数，则有（　　）．

   A. $a=1$ 或 $a=3$ B. $a=1$ C. $a=3$ D. $a>0$ 且 $a\neq 1$

3. （多选）已知函数 $f(x)=3^x-\left(\dfrac{1}{3}\right)^x$，则函数 $f(x)$ 在 **R** 上是（　　）．

   A. 偶函数 B. 奇函数 C. 增函数 D. 减函数

4. *. 定义运算 $a\otimes b=\begin{cases}a(a\leqslant b),\\ b(a>b),\end{cases}$ 则函数 $f(x)=1\otimes 2^x$ 的图像大致是（　　）．

   A. 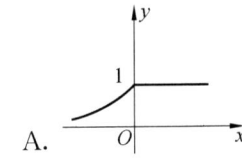　　　　B. 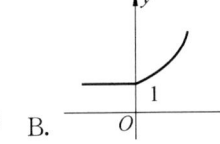　　　　C. 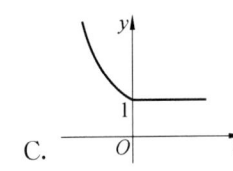　　　　D.

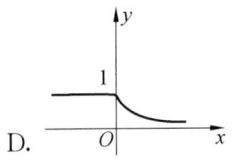

二、填空题

5. 函数 $y=a^{x-3}(a>0$ 且 $a\neq 1)$ 的图像必过定点_____．

6. *. 不等式 $\left(\dfrac{1}{2}\right)^{x+1}-1>0$ 的解集为_____．

三、解答题

7. 求下列各函数的定义域：

   (1) $y=\sqrt{3^x-\dfrac{1}{27}}$；

   (2) $y=\dfrac{1}{2^x-1}$．

8. *. 已知指数函数经过点 $(-2,9)$，则判断函数的单调性并求出 $f(2)$ 的值．

5.3 对数

5.3.1 对数的概念

【学习目标】

知识目标：

(1)理解对数的概念，理解常用对数和自然对数的概念．

(2)掌握利用计算器求对数值的方法．

技能目标：

(1)会进行指数式与对数式之间的互化．

(2)培养学生的分析转化意识和逆向思维能力．

素养目标：

(1)通过与指数的类比以及对数概念的建立，树立事物的辩证发展和矛盾转化的观点．

(2)在进行数字运算时，养成科学严谨、认真规范、注意细节的习惯．

【学习重点】

对数的概念．

【学习难点】

指数式与对数式之间的关系．

【导学】

一、导入：创设情景，导入课题

水污染会危害人体健康，破坏生态环境．只有科学有效地治理水污染，才能保障国家的生态安全和人民的用水安全．水污染治理一直是国家的重大工程．如果河水开始的污染程度为1，经过治理后，河水污染程度y与治理时间x(年)的关系为$y=0.8^x$，那么当污染程度为原来的20%时，需要治理多长时间？

二、精讲：突出重点，突破难点

思考后容易得到：当污染程度为原来的20%时，有$0.8^x=0.2$，要求治理时间就是求x的值．因为x是指数，所以问题转化为如何求指数．

在一个指数式中，知道了底数和幂，为了求出指数，我们引入对数的概念．

一般地，若 $a^b = N(a > 0$ 且 $a \neq 1)$，则称 b 为以 a 为底 N 的对数，记作
$$b = \log_a N$$
其中 a 称为对数的底数，N 称为真数．

例如，由 $2^3 = 8$，可知 3 是以 2 为底 8 的对数，记作 $3 = \log_2 8$．

同样地，由 $10^{-3} = 0.001$，可知 -3 是以 10 为底 0.001 的对数，记作 $\log_{10} 0.001 = -3$．

在情境与问题中，$0.8^x = 0.2$，治理时间 $x = \log_{0.8} 0.2$．

可以看出，当 $a > 0$ 且 $a \neq 1$，$N > 0$ 时，指数式 $a^b = N$ 与对数式 $\log_a N = b$ 有如下关系：
$$a^b = N \Leftrightarrow \log_a N = b$$

思考解析典型例题

例 1 将下列各指数式写成对数式：

(1) $\left(\dfrac{1}{2}\right)^3 = \dfrac{1}{8}$； (2) $27^{\frac{1}{3}} = 3$．

例 2 将下列各对数式写成指数式：

(1) $\log_2 32 = 5$； (2) $\log_3 81 = 4$．

【互学】

三、合作：自主学习，小组合作

例 1 将下列各指数式写成对数式：

(1) $4^{-3} = \dfrac{1}{64}$； (2) $10^x = y$．

例 2 将下列各对数式写成指数式：

(1) $\log_{10} 1\,000 = 3$； (2) $\log_2 \dfrac{1}{8} = -3$．

例 3 求下列各对数的值：

(1) $\log_7 7$；　　　　　　　　　　　　(2) $\log_6 1$.

归纳得出对数的性质：

(1) $\log_a 1 = 0$，即 1 的对数是 0.

(2) $\log_a a = 1$，即底的对数是 1.

(3) $N > 0$，即零和负数没有对数.

常用对数与自然对数：

(1) 常用对数中以 10 为底的对数运算相对简便，应用也比较普遍，通常把 $\log_{10} N$ 称为常用对数，简记为 $\lg N$. 如，$\log_{10} 2$ 简记为 $\lg 2$，$\log_{10} 9$ 简记为 $\lg 9$.

(2) 自然对数在科学研究和工程计算中，经常使用以无理数 e（$e = 2.71828\cdots$）为底的对数 $\log_e N$，并称这个对数为自然对数，简记为 $\ln N$. 如，$\log_e 5$ 简记为 $\ln 5$.

例 4 求下列各对数的值：

(1) $\lg 10$；　　(2) $\ln e$.　　(3) $\log_{0.3} 1$；　　(4) $\log_2 1$.

四、巩固：当堂检测，突破自我

1. 将下列各指数式写成对数式：

(1) $2^3 = 8$；　　(2) $0.5^2 = 0.25$；　　(3) $5^x = 18$.

2. 将下列各对数式写成指数式：

(1) $\log_{0.1} 100 = -2$；　　(2) $\log_{81} \dfrac{1}{27} = -\dfrac{3}{4}$；　　(3) $\log_5 625 = 4$.

3. 求下列各对数的值：

(1) $\log_{0.7} 0.7$；　　(2) $\ln 1$；　　(3) $\log_2 32$；　　(4) $\log_3 27$.

温馨提示：

在实际运算对数时，经常借助计算器完成，操作步骤：将计算器设置成普通计算状态，利用 ln 键计算自然对数，利用 lg 键计算常用对数．利用 log■□ 键计算一般底数的对数．

4．用计算器计算下列各式的值（保留到小数点后第 3 位）：

(1) $\lg 5.3$；　　　　(2) $\ln 100$；　　　　(3) $\log_3 0.34$．

五、小结：画龙点睛，提纲挈领

(1) 指数式与对数式的互化：当 $a>0$ 且 $a\neq 1$，$N>0$ 时，有
$$a^b=N \Leftrightarrow \log_a N=b$$

(2) 对数的性质：① $\log_a 1=0$，即 1 的对数是 0；② $\log_a a=1$，即底的对数是 1；③ $N>0$，即零和负数没有对数．

(3) 常用对数：以 10 为底的对数（$\log_{10} N$）称为常用对数，简记为 $\lg N$．

自然对数：以无理数 e（e＝2.718 28…）为底的对数 $\log_e N$，称为自然对数，简记为 $\ln N$．

【评学】

六、互评：多元评价，促进成长

学生互评表													
评价项目	分值	等级							评价成员（第＿＿＿组）				
									1	2	3	4	5	6
学习态度	10	优	10	良	8	中	6	差	4					
课堂纪律	10	优	10	良	8	中	6	差	4					
文明用语	10	优	10	良	8	中	6	差	4					
互帮互助	10	优	10	良	8	中	6	差	4					
学习效果	10	优	10	良	8	中	6	差	4					
创新意识	10	优	10	良	8	中	6	差	4					
参与小组活动	10	优	10	良	8	中	6	差	4					
任务单完成情况	10	优	10	良	8	中	6	差	4					
笔记情况	10	优	10	良	8	中	6	差	4					
小组贡献率	10	优	10	良	8	中	6	差	4					
合计	100													

作业：课后巩固，夯实成果

一、选择题

1. 已知 $\log_x 16 = 2$，则 $x = ($ $).$

   A. ± 4 B. 4 C. 256 D. 2

2. 下列结论：①$\lg(\lg 10) = 0$；②$\ln(\ln e) = 0$；③若 $10 = \lg x$，则 $x = 10$；④若 $e = \ln x$，则 $x = e^2$. 其中，正确的是( ).

   A. ①③   B. ②④   C. ①②   D. ③④

3. (多选)下列四个指数式中可以写成对数式的是( ).

   A. $(-2)^5 = -32$ B. $1^7 = 1$

   C. $3^{-\frac{1}{2}} = \dfrac{\sqrt{3}}{3}$ D. $m^b = N (m > 1)$

4*. 当 $a > 0$ 且 $a \neq 1$ 时，下列说法中正确的是( ).

   (1) 若 $M = N$，则 $\log_a M = \log_a N$；

   (2) 若 $\log_a M = \log_a N$，则 $M = N$；

   (3) 若 $\log_a M^2 = \log_a N^2$，则 $M = N$；

   (4) 若 $M = N$，则 $\log_a M^2 = \log_a N^2$.

   A. (1)(3)   B. (2)(4)   C. (2)   D. (1)(2)(3)(4)

二、填空题

5. 设 $\log_x \dfrac{1}{8} = 3$，则底数 $x = $ _____.

6*. 若 $\log_3(a+1) = 1$，则 $\log_a 2 + \log_2(a-1) = $ _____.

三、解答题

7. 将下列各指数式(对数式)化为对数式(指数式)：

   (1) $10^x = 5$；

   (2) $27^{-\frac{1}{3}} = \dfrac{1}{3}$；

   (3) $\log_3 81 = 4$；

   (4) $\log_{\sqrt{3}} x = 6$.

8*. 求值：

(1) 计算 $\log_{30} 1 + \log_7 49 - 2\log_3 3$ 的值；

(2) 若 $\log_{2023}(x^2 - 3) = 0$，求 x 的值.

5.3.2 积、商、幂的对数

【学习目标】

知识目标：

熟记积、商、幂的对数运算法则.

技能目标：

(1) 能进行简单的积、商、幂的对数运算.

(2) 培养学生的分析转化意识和逆向思考能力.

素养目标：

(1) 在进行数字运算时，逐步提升数学运算等核心素养.

(2) 养成科学严谨、认真规范、注意细节的习惯.

【学习重点】

积、商、幂的对数运算法则.

【学习难点】

熟练应用积、商、幂的对数运算法则自主解题.

【导学】

一、导入：创设情景，导入课题

问题：

等式 $\lg 2 + \lg 5 = \lg 7$，$\lg 2 + \lg 5 = \lg 10$ 是否成立？

等式 $\log_2 12 - \log_2 4 = \log_2 8$，$\log_2 12 - \log_2 4 = \log_2 3$ 是否成立？

等式 $3\log_3 2 = \log_3 6$，$3\log_3 2 = \log_3 8$ 是否成立？

解决：

请利用计算器验证.

结论：

$\lg 2 + \lg 5 = \lg 10$，$\log_2 12 - \log_2 4 = \log_2 3$，$3\log_3 2 = \log_3 8$.

二、精讲：突出重点，突破难点

思考：$\log_a(MN) = ?$ $\log_a\left(\dfrac{M}{N}\right) = ?$ $\log_a M^n = ?$

设 $M > 0$，$N > 0$，$a > 0$ 且 $a \neq 1$，$\log_a M = p$，$\log_a N = q$，根据对数式和指数式的关系，有

$$a^p = M，a^q = N$$

所以

$$MN = a^p a^q = a^{p+q}$$

其对数式为

$$\log_a(MN) = p + q = \log_a M + \log_a N$$

又因为

$$\dfrac{M}{N} = \dfrac{a^p}{a^q} = a^{p-q}$$

所以，其对数式为

$$\log_a\left(\dfrac{M}{N}\right) = p - q = \log_a M - \log_a N$$

同理

$$M^n = (a^p)^n = a^{np}\ (n\ \text{为任意实数})$$

所以

$$\log_a M^n = np = n\log_a M$$

综上，对数运算有如下运算法则：

(1) $\log_a(MN) = \log_a M + \log_a N$.

(2) $\log_a\left(\dfrac{M}{N}\right) = \log_a M - \log_a N$.

(3) $\log_a M^n = n\log_a M$.

其中，$M > 0$，$N > 0$，$a > 0$ 且 $a \neq 1$，n 为任意实数.

思考解析典型例题

例 已知 $x > 0$，$y > 0$，$z > 0$，用 $\lg x$，$\lg y$，$\lg z$ 表示下列各式：

(1) $\lg(x^2 y)$；   (2) $\lg\dfrac{x}{yz}$.

【互学】

三、合作：自主学习，小组合作

变式 已知 $x>0$，$y>0$，$z>0$，用 $\lg x$，$\lg y$，$\lg z$ 表示下列各式：

(1) $\lg(xyz)$； (2) $\lg x + \lg \left(\dfrac{y}{x}\right)^3$.

四、巩固：当堂检测，突破自我

1. 已知 $x>0$，$y>0$，$z>0$，用 $\lg x$，$\lg y$，$\lg z$ 表示下列各式.

(1) $\lg \sqrt[3]{x}$； (2) $\lg \dfrac{x}{y} + \lg z$.

2. 计算下列各式的值：

(1) $\log_2(8^3 \times 2^5)$； (2) $\ln \sqrt{e}$.

3. 设 $a = \ln 3$，$b = \ln 4$，试用 a，b 表示 $\ln \sqrt{48}$.

五、小结：画龙点睛，提纲挈领

对数运算法则：

$$\log_a(MN) = \log_a M + \log_a N$$

$$\log_a\left(\dfrac{M}{N}\right) = \log_a M - \log_a N$$

$$\log_a M^n = np = n\log_a M$$

其中，$M>0$，$N>0$，$a>0$ 且 $a \neq 1$，n 为任意实数.

【评学】

六、互评：多元评价，促进成长

教师综合评价表				
评价项目		评价标准	分值	得分
考勤（10%）		无无故迟到、早退、旷课现象	10	
学习过程（60%）	课前准备	课前预习工作完善，准备充分	10	
	课堂参与	能够积极参与课堂活动的开展、展示	10	
	学习态度	态度端正，无故意扰乱课堂现象	10	
	合作能力	与小组成员关系协调、合作良好	10	
	职业素养	在学习过程中能体现本专业职业素养	10	
	创新意识	在课堂上有创新意识，提出不同见解	10	
学习成果（30%）	学习完整	能按时完成各环节学习任务	10	
	作业情况	能保证课堂、课后作业正确率	10	
	成果展示	能准确表达、及时复述学习收获	10	
合计			100	

作业：课后巩固，夯实成果

一、选择题

1. 下列书写中错误的是（　　）．

   A. $\log_{10} 9$　　B. $\log 8$　　C. $\lg \dfrac{2}{3}$　　D. $\ln \sqrt{2}$

2. 已知 $\lg x = -2$，则 $x = $（　　）．

   A. -2　　B. $(-2)^{10}$　　C. 100　　D. $\dfrac{1}{100}$

3. （多选）若 $a > 0$，$b > 0$，则下列四个等式中一定成立的是（　　）．

   A. $\lg(ab) = \lg a + \lg b$　　B. $\lg(a+b) = \lg a \lg b$

   C. $\lg \dfrac{a}{b} = \lg a - \lg b$　　D. $\lg(a-b) = \dfrac{\lg a}{\lg b}$

4*. $\ln x = 2 - \ln 3$，则 $x = $（　　）．

   A. 6　　B. $\dfrac{2}{3}$　　C. $3e^2$　　D. $\dfrac{e^2}{3}$

二、填空题

5. (1) $\lg 100 =$ _____ , $\ln \dfrac{1}{e} =$ _____ ;

(2) $\lg 4 + 2\lg 5 =$ _____ ; $\lg 30 - \lg 3 =$ _____ .

6*. $\lg a = 7.463$, $\lg b = 5.463$ ，则 $\dfrac{a}{b} =$ _____ .

三、简答题

7. 已知 $x > 0$, $y > 0$, $z > 0$ ，用 $\lg x$, $\lg y$, $\lg z$ 表示式子 $\lg \dfrac{x^2 \sqrt{y}}{z^3}$.

8*. 求值：

(1) $2\lg 3 + \lg 7 + \lg \dfrac{25}{7} - \lg \dfrac{9}{4} + \lg 1$;

(2) $(\lg 5)^2 + \lg 2 \cdot \lg 25 + (\lg 2)^2$.

拓展延伸

换底公式

经过多次尝试，人们制作了常用对数表与自然对数表，只要查表就可以求出任意正数的常用对数和自然对数．这样，如果能将其底数的对数转换成以 10 为底或者以 e 为底的对数，就能方便地求出任意不为 1 的正数为底的对数．

转换时使用的对数换底公式为

$$\log_a b = \dfrac{\log_c b}{\log_c a} \ (a > 0 \text{ 且 } a \neq 1, b > 0, c > 0, \text{ 且 } c \neq 1)$$

取 $c = 10$ ，有 $\log_a b = \dfrac{\lg b}{\lg a}$ ；

取 $c = e$ ，有 $\log_a b = \dfrac{\ln b}{\ln a}$.

探究与发现 如何将 $\log_3 5$ 分别用常用对数和自然对数表示？

5.4 对数函数

【学习目标】

知识目标：

了解对数函数的定义、图像和性质.

技能目标：

会使用对数函数的图像和性质解决问题，会用对数函数的单调性比较同底对数值的大小.

素养目标：

在对数函数的学习过程中，体验数学的科学价值并养成勇于探索的良好习惯.

【学习重点】

(1)理解对数函数的概念和意义.

(2)掌握对数函数的图像和性质.

【学习难点】

利用对数函数的图像与性质解决问题.

【导学】

一、导入：创设情景，导入课题

1. 对数

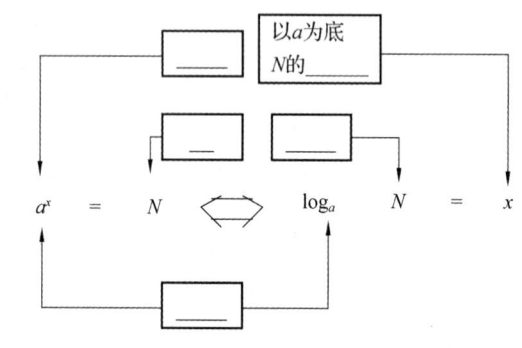

$$a^x = N \Longleftrightarrow \log_a N = x$$

以a为底N的_____

底数a的范围是_____.

2. 对数运算

条件	$a>0$，且$a\neq 1$，$M>0$，$N>0$
性质	$\log_a(MN) = $ _____
	$\log_a \dfrac{M}{N} = $ _____
	$\log_a M^n = $ _____ ($n \in \mathbf{R}$)

3. 换底公式

$$\log_a b = \underline{\qquad} \ (a>0, 且 a\neq 1, c>0, 且 c\neq 1; b>0)$$

二、精讲：突出重点，突破难点

1. 对数函数的概念

函数 $y=\log_a x(a>0, 且 a\neq 1)$ 叫作对数函数，其中 _____ 是自变量，函数的定义域是 _____.

例1 下列函数哪些是对数函数？

(1) $y=3\log_2 x$；　　　　　　(2) $y=\log_6 x$；

(3) $y=\log_x 5$；　　　　　　(4) $\log_2 x+1$.

例2 若函数 $f(x)=\log_{(a+1)} x+(a^2-2a-8)$ 是对数函数，则 $a=$ _____.

2. 对数函数的图像及性质

	a 的范围	$0<a<1$	$a>1$
	图像	 $y=\log_a x$ 图像，过 $(1,0)$，递减 	 $y=\log_a x$ 图像，过 $(1,0)$，递增
性质	定义域	_____	_____
	值域	R	
	定点	_____，即 $x=$ _____ 时，$y=$ _____	
	单调性	在 $(0, +\infty)$ 上是 _____	在 $(0, +\infty)$ 上是 _____
	取值	当 $0<x<1$ 时，y _____ 当 $x>1$ 时，y _____ 当 $x=1$ 时，$y=$ _____	当 $0<x<1$ 时，y _____ 当 $x>1$ 时，y _____ 当 $x=1$ 时，$y=$ _____

例3 求下列各函数的定义域：

(1) $y = \log_5(1-x)$；

(2) $y = \dfrac{\ln(4-x)}{x-3}$；

(3) $y = \sqrt{\log_{0.5}(4x-3)}$.

例4 比较下列各组数中两个值的大小：

(1) $\log_2 3.4$，$\log_2 8.5$；

(2) $\log_{0.3} 1.8$，$\log_{0.3} 2.7$；

(3) $\log_a 5.1$，$\log_a 5.9 \ (a>0,\ 且\ a \neq 1)$.

【互学】

三、合作：自主学习，小组合作

例1 (1) 已知 $\log_a \dfrac{1}{2} > 1$，求 a 的取值范围；

(2) 已知 $\log_{0.7}(2x) < \log_{0.7}(x-1)$，求 x 的取值范围.

例2 求下列各函数的值域：

(1) $y = \log_2(x^2+4)$； (2) $y = \log_{\frac{1}{2}}(3+2x-x^2)$.

例 3 求下列各函数的定义域：

(1) $y = \lg(x+1) + \dfrac{3x^2}{\sqrt{1-x}}$；　　　　(2) $y = \log_{x-2}(5-x)$.

四、巩固：当堂检测，突破自我

1. 判断.（正确的打"√"，错误的打"×"）

(1) 对数函数的定义域为 **R**.　　　　　　　　　　　　　　　　　　　　（　　）

(2) $y = \log_2 x^2$ 与 $\log_x 3$ 都不是对数函数.　　　　　　　　　　　　（　　）

2. 函数 $f(x) = \log_2(x-1)$ 的定义域是（　　）.

　A. $[1, +\infty)$　　B. $(1, +\infty)$　　C. $(-\infty, 1)$　　D. $(-\infty, 1]$

3. 若 $\lg(2x-4) \leqslant 1$，则 x 的取值范围是（　　）.

　A. $(-\infty, 7]$　　B. $(2, 7]$　　C. $[7, +\infty)$　　D. $(2, +\infty)$

4. 比较大小：

(1) $\log_2 2$ _____ $\log_2 \sqrt{3}$；

(2) $\log_3 \pi$ _____ $\log_\pi 3$.

5. 点 $A(8, -3)$ 和点 $B(n, 2)$ 在同一个对数函数图像上，则 $n = $ _____.

五、小结：画龙点睛，提纲挈领

1. 对数函数图像的识别及应用方法

(1) 在识别函数图像时，要善于利用已知函数的性质、函数图像上的特殊点（与坐标轴的交点、最高点、最低点等）排除不符合要求的选项.

(2) 一些对数型方程、不等式问题常转化为相应的函数图像问题，利用数形结合法求解.

2. 对数比大小

(1) 比较指数式和对数式的大小，可以利用函数的单调性，引入中间量；有时也可用数形结合的方法.

(2) 解题时要根据实际情况来构造相应的函数，利用函数单调性进行比较．如果指数相同而底数不同，则构造幂函数；若底数相同，而指数不同，则构造指数函数；若引入中间量，一般选 0 或 1.

【评学】

六、互评：多元评价，促进成长

学生自评表			
评价项目	评价标准	分值	得分
考勤	无无故迟到、早退、旷课现象	10	
课前准备	课前预习工作完善，准备充分	10	
课堂参与	能够积极参与课堂活动的开展、展示	10	
学习态度	态度端正，无故意扰乱课堂现象	10	
合作能力	与小组成员关系协调、合作良好	10	
创新意识	在课堂上有创新意识，提出不同见解	10	
学习效能	学有所得，能按时按质完成课后作业	10	
数学素养	获得一定的数学抽象、逻辑推理、数学建模、数学运算、直观想象、数据分析能力	10	
职业素养	在学习过程中能体现本专业职业素养	10	
道德品质	通过学习获得一定的道德品质提升	10	
合计		100	

作业：课后巩固，夯实成果

一、选择题

1. 下列函数中是对数函数的是（　　）．

　A. $y=\ln x$　　　B. $y=\ln(x+1)$　　　C. $y=\log_x e$　　　D. $y=\log_x x$

2. 函数 $f(x)=\dfrac{1}{1-x}+\lg(1+x)$ 的定义域是（　　）．

　A. $(-\infty,-1)$　　　　　　　　　B. $(1,+\infty)$

　C. $(-1,1)\cup(1,+\infty)$　　　　　D. $(-\infty,+\infty)$

3. 对数函数的图像过点 $M(16,4)$，则此对数函数为（　　）．

　A. $y=\log_4 x$　　B. $y=\log_{\frac{1}{4}} x$　　C. $y=\log_{\frac{1}{2}} x$　　D. $y=\log_2 x$

4*. 已知 $\log_{\frac{1}{2}} m < \log_{\frac{1}{2}} n < 0$，则（　　）．

　A. $n<m<1$　　B. $m<n<1$　　C. $1<m<n$　　D. $1<n<m$

二、填空题

5. 若 $f(x)=\log_a x+(a^2-4a-5)$ 是对数函数，则 $a=$ _____．

6*. 不等式 $\log_{\frac{1}{3}}(5+x)<\log_{\frac{1}{3}}(1-x)$ 的解集为 _____．

三、解答题

7. 已知函数 $y=\log_a(x+a)(a>0$ 且 $a\neq 1)$ 的图像过点 $(-1,0)$.

(1) 求 a 的值；

(2) 求函数的定义域.

8*. 求函数 $y=\log_{\frac{1}{2}}(1-x^2)$ 的单调增区间，并求函数的最小值.

5.5 指数函数与对数函数的应用

【学习目标】

知识目标：

了解指数函数与对数函数的应用与计算.

技能目标：

会使用指数函数与对数函数的简单数学模型，并应用这种模型解决实际问题.

素养目标：

在学习过程中，培养数学建模的能力，从实际问题中提取抽象数学概念或模型的能力.

【学习重点】

将实际问题抽象为指数或对数函数型问题.

【学习难点】

根据实际问题建立合适的数学模型.

【导学】

一、导入：创设情景，导入课题

1. 对数函数的图像及性质

a 的范围		$0<a<1$	$a>1$
图像			
性质	定义域		
	值域		
	定点	_____，即 $x=$ _____ 时，$y=$ _____	
	单调性	在 $(0,+\infty)$ 上是 _____	在 $(0,+\infty)$ 上是 _____

【点睛】 底数 a 与 1 的大小关系决定了对数函数图像的"升降"：当 $a>1$ 时，对数函数的图像"上升"；当 $0<a<1$ 时，对数函数的图像"下降".

2. 指数函数的图像和性质

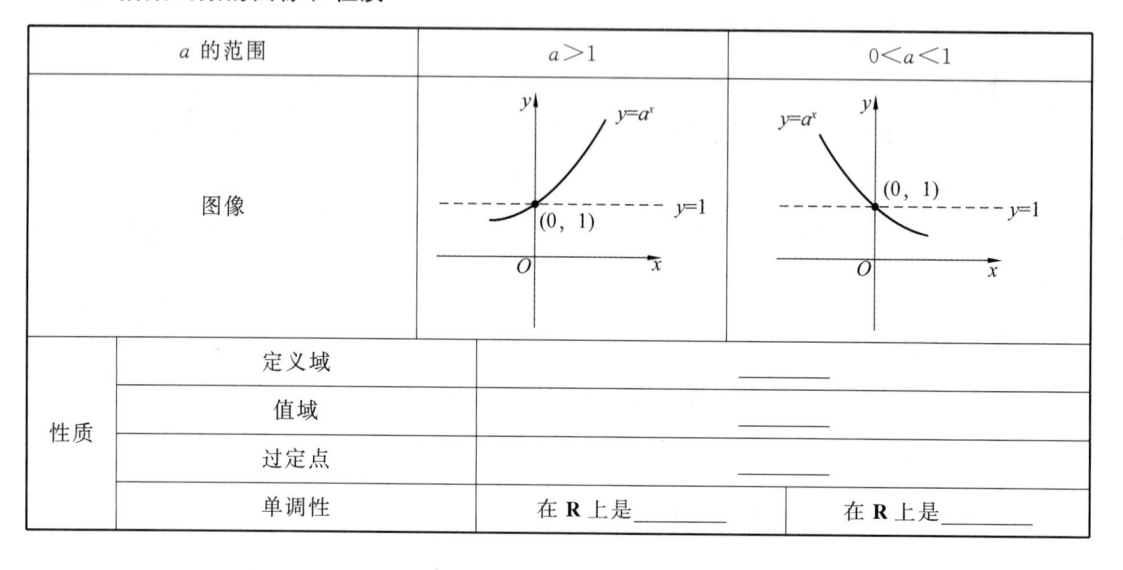

a 的范围		$a>1$	$0<a<1$
图像			
性质	定义域		
	值域		
	过定点		
	单调性	在 **R** 上是 _____	在 **R** 上是 _____

【点睛】 底数 a 与 1 的大小关系决定了指数函数图像的"升降"：当 $a>1$ 时，指数函数的图像"上升"；当 $0<a<1$ 时，指数函数的图像"下降".

二、精讲：突出重点，突破难点

1. 指数函数模型

例1 某小微企业 2022 年营业收入为 200 万元，根据市场调研，预期在未来 10 年内，平均每年营业收入按 8% 的增长率增长，预算该企业 2032 年的营业收入约为多少万元（保留到个位数）.

2. 对数函数模型

例2 2022 年某县人口总数约 120 万人，如果预计人口的年平均自然增长率为 1.25%，哪一年该县人口总数将超过 140 万人？

【互学】

三、合作：自主学习，小组合作

例1 某种储蓄按复利（把前一期的利息和本金加在一起作本金，再计算下一期的利息）计算利息，若本金为 a 元，每期利率为 r，设存期为 x，本利和（本金加上利息）为 y 元.
(1) 写出本利和随存期变化的函数解析式；
(2) 如果存入本金 10 000 元，每期利率为 3%，试计算 5 期后的本利和.
（参考数据：$1.03^4 \approx 1.125\,5$，$1.03^5 \approx 1.159\,3$，$1.03^6 \approx 1.194\,0$）

例2 当生物死亡后，它机体内原有的碳 14 含量会按确定的比率衰减（称为衰减率），大约每经过 5 730 年衰减为原来的一半，这个时间称为"半衰期". 按照上述变化规律，死亡生物体内碳 14 含量与死亡年数之间有怎样的关系？

四、巩固：当堂检测，突破自我

1. "双11"就要到了，电商的优惠活动很多，某同学借助已学数学知识对"双11"相关优惠活动进行研究. 已知2022年"双11"期间某商品原价为 a 元，商家准备在节前连续2次对该商品进行提价且每次提价 10%，然后在"双11"活动期间连续2次对该商品进行降价且每次降价 10%. 该同学得到结论：最后该商品的价格与原来价格元相比（　　）.

    A. 相等   B. 略有提高   C. 略有降低   D. 无法确定

2. 若镭经过100年后剩留原来质量的 95.76%，设质量为1的镭经过 x 年后剩留量为 y，则 x，y 之间的函数关系是（　　）.

    A. $y=(0.9576)^{\frac{x}{100}}$ B. $y=(0.9576)^{100x}$

    C. $y=\left(\dfrac{0.9579}{100}\right)^{x}$ D. $y=1-(0.0424)^{\frac{x}{100}}$

3. 设磷-32经过一天的衰变，其残留量为原来的 95.27%. 现有 10 g 磷-32，设每天的衰变速度不变，经过14天衰变还剩下多少克（精确到 0.01 g）？

4. 某市2018年国内生产总值为20亿元，计划在未来10年内，平均每年按 8% 的增长率增长，分别预测该市2023年与2028年的国内生产总值（精确到 0.01 亿元）.

五、小结：画龙点睛，提纲挈领

解答函数实际应用问题时，一般要分四步进行：

(1)审题——弄清题意，分清条件和结论，理顺数量关系，初步选择模型.

(2)建模——将自然语言转化为数学语言，将文字语言转化为符号语言，利用数学知识建立相应的数学模型.

(3)求模——求解数学模型，得出数学模型.

(4)还原——将数学结论还原为实际问题.

【评学】

六、互评：多元评价，促进成长

学生互评表														
评价项目	分值	等级							评价成员（第_____组）					
									1	2	3	4	5	6
学习态度	10	优	10	良	8	中	6	差	4					
课堂纪律	10	优	10	良	8	中	6	差	4					
文明用语	10	优	10	良	8	中	6	差	4					
互帮互助	10	优	10	良	8	中	6	差	4					
学习效果	10	优	10	良	8	中	6	差	4					
创新意识	10	优	10	良	8	中	6	差	4					
参与小组活动	10	优	10	良	8	中	6	差	4					
任务单完成情况	10	优	10	良	8	中	6	差	4					
笔记情况	10	优	10	良	8	中	6	差	4					
小组贡献率	10	优	10	良	8	中	6	差	4					
合计	100													

作业：课后巩固，夯实成果

一、选择题

1.（多选）服用某种感冒药，每次服用的药物含量为 a，随着时间 t 的变化，体内的药物含量为 $f(t)=0.57^t a$（其中 t 以"h"为单位）.则服药 4 h 后，体内药物的含量为（　　），8 h 后，体内药物的含量为（　　）.

A. a　　　　　B. $0.1a$　　　　　C. $0.11a$　　　　　D. $0.01a$

2. 某公司为激励创新，计划逐年加大研发资金投入．若该公司 2023 年全年投入研发资金 130 万元，在此基础上，每年投入的研发资金比上一年增长 12%，则该公司全年投入的研发资金开始超过 200 万元的年份是（参考数据：lg 1.12≈0.05，lg 1.3≈0.11，lg 2≈0.30）（　　）.

A. 2024 年　　　　B. 2025 年　　　　C. 2026 年　　　　D. 2027 年

3. 有一组试验数据如下：

x	1	2	3	4	5
y	1.5	5.9	13.4	24.1	37

下列所给函数模型较适合的是(　　).

A. $y = \log_a x (a > 1)$　　　　　　B. $y = ax + b (a > 1)$

C. $y = ax^2 + b (a > 0)$　　　　　　D. $y = \log_a x + b (a > 1)$

4*. 三个变量 y_1，y_2，y_3 随着变量 x 的变化情况如下：

x	1	3	5	7	9	11
y_1	5	135	625	1 715	3 635	6 655
y_2	5	29	245	2 189	19 685	177 149
y_3	5	6.10	6.61	6.95	7.20	7.40

则与 x 呈对数型函数、指数型函数、幂函数型函数变化的变量依次是(　　).

A. y_1，y_2，y_3　　B. y_2，y_1，y_3　　C. y_3，y_2，y_1　　D. y_3，y_1，y_2

二、填空题

5. 据报道，青海湖水在最近 50 年内减少了 10%，如果按此规律，设 2023 年的湖水量为 m，从 2023 年起，过 x 年后湖水量 y 与 x 的函数关系是_____.

6*. 图所示为某受污染的湖泊在自然净化过程中某种有害物质的剩留量 y 与净化时间 t(月)的近似函数关系：$y = a^t (t \geq 0, a > 0$ 且 $a \neq 1)$ 的图像. 有以下叙述：

①第 4 个月时，剩留量就会低于 $\frac{1}{5}$；

②每月减少的有害物质量都相等；

③若剩留量为 $\frac{1}{2}$，$\frac{1}{4}$，$\frac{1}{8}$，所经过的时间分别是 t_1，t_2，t_3，则 $t_1 + t_2 = t_3$. 其中叙述正确的序号是_____.

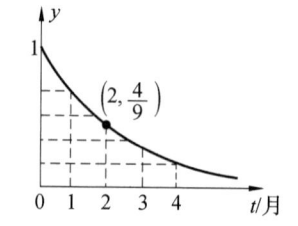

三、解答题

7. 某省 2022 年粮食总产量约为 1 500 万 t，计划按照年均增长速度 2.5% 增长，求该省 5 年后的年粮食总产量(保留到小数点后第 2 位).

8*. 每年的 3 月 12 日是植树节，全国各地在这一天都会开展各种形式的植树活动，某市现有树木面积 10 万 m²，计划此后 5 年内扩大树木面积，现有两种方案如下：

方案一：每年植树 1 万 m²；

方案二：每年树木面积比上一年增加 9%.

哪个方案较好？

第五章　指数函数与对数函数单元检测卷（A）

一、单选题

1. 已知 $m^{10}=2$，则 $m=($ 　　$)$．

   A. $\sqrt{2^{10}}$　　　　B. $\pm\sqrt{2^{10}}$　　　　C. $\sqrt[10]{2}$　　　　D. $\pm\sqrt[10]{2}$

2. 下列关于函数 $f(x)=2.1^x$ 的说法中正确的是（　　）．

   A. 在 $(-\infty,0)$ 上是减函数　　　　B. 在 $(0,+\infty)$ 上是减函数

   C. 在 $(-\infty,+\infty)$ 上是增函数　　　D. 在 $(-\infty,+\infty)$ 上是减函数

3. 已知 $a=\log_{0.3}2$，$b=3^{0.3}$，$c=0.3^2$，则（　　）．

   A. $a<c<b$　　　B. $a<b<c$　　　C. $c<a<b$　　　D. $b<c<a$

4. 函数 $y=3^{-x}$ 的大致图像是（　　）．

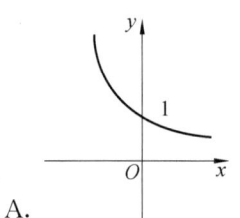

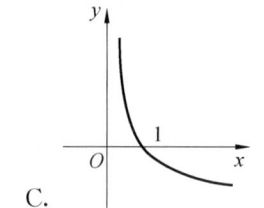

   A.　　　B.　　　C.　　　D.

5. 式子 $a^5 \cdot a^{-2}$ 的值是（　　）．

   A. a　　　B. a^{-10}　　　C. 1　　　D. a^3

6. 计算：$\log_2 32 - 2\log_2 4 = ($ 　　$)$．

   A. 1　　　B. 2　　　C. 3　　　D. 4

7. 下列函数中不是对数函数的为（　　）．

   A. $y=\log_{\sqrt{2}} x$　　B. $y=\log_{0.3} x$　　C. $y=\log_{-2} x$　　D. $y=\log_5 x$

8. 当 $0<a<1$ 时，在同一个平面直角坐标系中，函数 $y=\left(\dfrac{1}{a}\right)^x$ 和 $y=\log_a x$ 的大致图像是（　　）．

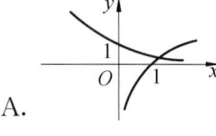

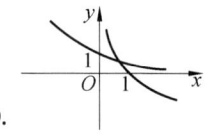

   A.　　　B.　　　C.　　　D.

二、多选题

9. 下列选项中错误的是（　　）．

   A. $\ln(a^2+b^2)=2\ln a+2\ln b$　　　　B. $\ln(ab)^2=2\ln a+2\ln b$

C. $\log_{\frac{1}{2}} a = -\log_2 a$
D. $\lg(a-b) = \dfrac{\lg a}{\lg b}$

10. 下列关系式中正确的是( ).

A. $2^{\frac{3}{2}} < 2^{\frac{4}{3}}$
B. $\left(\dfrac{1}{2}\right)^{\frac{3}{2}} < \left(\dfrac{1}{2}\right)^{\frac{4}{3}}$

C. $\log_2 \dfrac{3}{2} > \log_2 \dfrac{4}{3}$
D. $\log_{\frac{1}{2}} \dfrac{3}{2} > \log_{\frac{1}{2}} \dfrac{4}{3}$

11. 下列各式中表达正确的是( ).

A. $2\,023^0 = 1$
B. $\sqrt{(-2\,023)^2} = 2\,023$

C. $2^{2\,022} > 2^{2\,023}$
D. $\log_{\frac{1}{2}} 2\,022 < \log_{\frac{1}{2}} 2\,023$

12. 已知函数 $f(x) = |a^x - 1|$ ($a > 0$,且 $a \neq 1$),则下列结论中正确的是( ).

A. 函数 $f(x)$ 恒过定点 $(0, 1)$

B. 函数 $f(x)$ 的值域为 $[0, +\infty)$

C. 函数 $f(x)$ 在区间 $[0, +\infty)$ 上单调递增

D. 若直线 $y = 2a$ 与函数 $f(x)$ 的图像有两个公共点,则实数 a 的取值范围是 $(0, 1)$

三、填空题

13. $3^{x-1} = \dfrac{1}{9}$ 的解集是_____.

14. 化简 $\dfrac{\sqrt[3]{m} \cdot \sqrt{m^3}}{\sqrt[6]{m^5}} = $ _____.

15. 若函数 $y = (a^2 - 3a + 3) \cdot a^x$ 是指数函数,则实数 $a = $ _____.

16. 在对数式 $y = \log_2(5-a)$ 中,实数 a 的取值范围是_____.

四、解答题

17. 将下列分数指数幂写成根式的形式,根式写成分数指数幂的形式:

(1) $5^{\frac{2}{3}}$; (2) $3^{-\frac{2}{7}}$; (3) $\sqrt[3]{4^2}$; (4) $\dfrac{1}{\sqrt[4]{5^3}}$.

18. 将下列对数式改写成指数式：

(1) $\log_5 125 = 3$；   (2) $\log_{\frac{1}{\sqrt{3}}} 3 = -2$；   (3) $\log_{10} a = -1.699$.

19. 解不等式 $\log_{\frac{1}{2}}(x-1) \geqslant 0$.

20. 若函数 $y = (a^2 - a - 1)a^x$ 是指数函数，求实数 a 的值.

21. 已知指数函数的图像过点 $\left(-3, \dfrac{1}{27}\right)$，求 $f(x)$ 和 $f(2)$ 的值.

22. 已知函数 $f(x) = \log_a(x^2 - 2)$，且 $f(2) = 1$.

(1) 求 a 的值；

(2) 求 $f(3\sqrt{2})$ 的值.

第五章 指数函数与对数函数单元检测卷(B)

一、单选题

1. 若 α 是锐角,则 $\theta=k\pi+\alpha(k\in\mathbf{Z})$ 是( ).

   A. 第一象限角   B. 第三象限角

   C. 第一象限角或第三象限角   D. 第二象限角或第四象限角

2. 已知角 θ 的终边过点 $(\sqrt{3},-1)$,则 θ 可以为( ).

   A. $\dfrac{\pi}{6}$ B. $\dfrac{5\pi}{6}$ C. $-\dfrac{\pi}{6}$ D. $-\dfrac{\pi}{3}$

3. 设 $a=\log_3 8$,$b=2^{1.1}$,$c=0.8^{1.1}$,则 a,b,c 的大小关系为( ).

   A. $c<a<b$ B. $b<a<c$ C. $b<c<a$ D. $c<b<a$

4. 已知 $5^a=2$,$b=\log_5 3$,则 $\log_5 18=$( ).

   A. $a+3b$ B. $a+2b$ C. $2a+b$ D. $3a+b$

5. 若 $\alpha=3$,则( ).

   A. $\sin\alpha>0$,$\cos\alpha>0$ B. $\sin\alpha>0$,$\cos\alpha<0$

   C. $\sin\alpha<0$,$\cos\alpha>0$ D. $\sin\alpha<0$,$\cos\alpha<0$

6. 已知扇形的周长是 $6\ \text{cm}$,面积是 $2\ \text{cm}^2$,则扇形的中心角的弧度数是( ).

   A. 1   B. 4   C. 1 或 4   D. 2 或 4

7. 已知函数 $f(x)=\begin{cases}x^2\ (x<0),\\ 2^x-\log_4 x\ (x>0),\end{cases}$ 则 $f[f(-1)]=$( ).

   A. 2   B. 3   C. 4   D. 6

8. 已知在 $\triangle ABC$ 中,$\sin A+\cos A=\dfrac{7}{17}$,则 $\tan A=$( ).

   A. $-\dfrac{15}{8}$ B. $\dfrac{15}{8}$ C. $-\dfrac{8}{15}$ D. $\dfrac{8}{15}$

二、多选题

9. 下列结论中正确的是( ).

   A. 函数 $f(x)=3^{x-1}$ 是指数函数

   B. 函数 $f(x)=\left(\dfrac{1}{2}\right)^{2x-x^2}$ 的单调增区间是 $(1,+\infty)$

   C. 若 $2.1^m>2.1^n$,则 $0.9^m<0.9^n$

D. 函数 $f(x)=a^{x+2}-2(a>0$ 且 $a\neq 1)$ 的图像必过定点 $(-2,-1)$

10. 下列说法中正确的有（　　）.

A. 经过 30 min，钟表的分针转过 -2π 弧度

B. 若 $\sin\theta>0$，$\cos\theta<0$，则 θ 为第二象限角

C. 若 $\sin\theta+\cos\theta>1$，则 θ 为第一象限角

D. 第一象限角都是锐角，钝角都在第二象限

11. 下列说法中正确的为（　　）.

A. $a^0=1$

B. $\left(\dfrac{1}{2}\right)^{\frac{3}{5}}<\left(\dfrac{3}{5}\right)^{\frac{1}{2}}<\left(\dfrac{1}{3}\right)^{-\frac{1}{2}}$

C. $f(x)=2^x$ 的图像与 $g(x)=2^{-x}$ 的图像关于 x 轴对称

D. 函数 $f(x)=e^{x^2-2x-1}$ 在 $[1,+\infty)$ 上单调递增

12. 已知角 A，B，C 是 $\triangle ABC$ 的三个内角，下列结论中一定成立的有（　　）.

A. $\sin(B+C)=\sin A$

B. 若 $\sin A=\sin B$，则 $\triangle ABC$ 是等腰三角形

C. 若 $\sin A>\sin B$，则 $A>B$

D. 若 $\triangle ABC$ 是锐角三角形，则 $\sin A>\cos B$

三、填空题

13. 已知角 θ 的终边经过点 $M(3m,1-m)$，且 $\tan\theta=3$，则实数 m 的值为_____.

14. 已知 $\sin x+\cos x<0$，$\sin x\cos x>0$，则 x 是第_____象限角.

15. 已知函数 $f(x)=a^{x+1}-3$ 的图像恒过点 A，则点 A 的坐标为_____.

16. 函数 $f(x)=\ln(x^2+4x-21)$ 的单调递减区间是_____.

四、解答题

17. 已知角 $\alpha=2\,020°$.

(1) 把 α 改写成 $360°k+\beta(k\in\mathbf{Z},0°\leq\beta<360°)$ 的形式，并指出它是第几象限角；

(2) 求 θ，使 θ 与 α 终边相同，且 $-360°\leq\theta\leq720°$.

18. 计算：

(1) $2\log_3 2 - \log_3 \dfrac{32}{9} + \log_3 8 - 5^{2\log_5 3}$；

(2) $\left(\dfrac{27}{8}\right)^{-\frac{2}{3}} - \left(\dfrac{49}{9}\right)^{0.5} + 0.008^{-\frac{2}{3}} \times \dfrac{1}{25}$.

19. 已知 $\cos(\pi - \alpha) = -\dfrac{5}{13}$，且 α 是第四象限的角，求 $\sin(\pi - \alpha) + \cos(-3\pi + \alpha)$ 的值.

20. 不求值，分别比较下列各组中两个三角函数值的大小：

(1) $\sin\left(-\dfrac{\pi}{18}\right)$ 与 $\sin\left(-\dfrac{\pi}{10}\right)$；　　　　(2) $\cos\left(-\dfrac{\pi}{3}\right)$ 与 $\cos\dfrac{\pi}{5}$.

21. 已知 $f(x) = \log_a x$ ($a > 0$ 且 $a \neq 1$) 的图像过点 $(4, 2)$. 若 $g(x) = f(1-x) + f(1+x)$，求 $g(x)$ 的解析式并判断奇偶性.

22. 已知定义域为 **R** 的函数 $f(x) = \dfrac{-2^x + b}{2^{x+1} + a}$ 是奇函数，求 a，b 的值.

第六章 直线与圆的方程

6.1 两点间距离公式和线段的中点坐标公式

【学习目标】

知识目标：

理解两点间距离的定义，会推理两点间距离公式及线段的中点坐标公式．

技能目标：

用数形结合的方法，介绍两点间距离公式和线段的中点公式，培养学生解决问题的能力与计算能力．

素养目标：

通过小组合作学习，独立作图，增强学生学习数学的积极性．

【学习重点】

两点间距离公式与线段的中点坐标公式的运用．

【学习难点】

两点间距离公式的理解，并能够灵活运用公式．

【导学】

一、导入：创设情景，导入课题

(1)在平面直角坐标系中，设点 $P_1(x_1, y_1)$，$P_2(x_2, y_2)$，则 $\overrightarrow{P_1P_2} = (x_2 - x_1, y_2 - y_1)$．

(2)由线段的两个端点的坐标引导学生求线段的中点坐标．

二、精讲：突出重点，突破难点

【知识梳理】

(1)我们将向量 $\overrightarrow{P_1P_2}$ 的模，叫作点 P_1，P_2 之间的距离，记作 $|P_1P_2|$，则

$$|P_1P_2| = |\overrightarrow{P_1P_2}| = \sqrt{\overrightarrow{P_1P_2} \cdot \overrightarrow{P_1P_2}} = \sqrt{(x_2 - x_1)^2 + (y_2 - y_1)^2}$$

(2)设线段的两个端点的坐标分别为 $A(x_1,y_1)$ 和 $B(x_2,y_2)$，线段的中点的坐标为 $M(x_0,y_0)$（见图），则 $\overrightarrow{AM}=(x_0-x_1,y_0-y_1)$，$\overrightarrow{MB}=(x_2-x_0,y_2-y_0)$，由于 M 为线段 AB 的中点，则 $\overrightarrow{AM}=\overrightarrow{MB}$，即 $(x_0-x_1,y_0-y_1)=(x_2-x_0,y_2-y_0)$，即

$$\begin{cases}x_0-x_1=x_2-x_0,\\ y_0-y_1=y_2-y_0,\end{cases}$$ 解得 $x_0=\dfrac{x_1+x_2}{2}$，$y_0=\dfrac{y_1+y_2}{2}$.

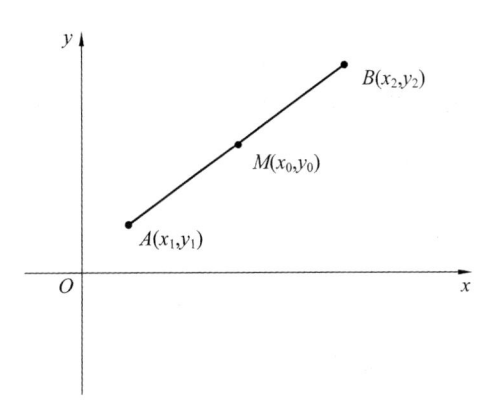

一般地，设点 $P_1(x_1,y_1)$，$P_2(x_2,y_2)$ 为平面内任意两点，则线段 P_1P_2 的中点 $P_0(x_0,y_0)$ 的坐标为

$$\left(\dfrac{x_1+x_2}{2},\dfrac{y_1+y_2}{2}\right)$$

【整体建构】思考并回答下列问题：

两点间距离公式、线段的中点坐标公式是什么？

结论：设平面直角坐标系内任意两点 $P_1(x_1,y_1)$，$P_2(x_2,y_2)$，则点 $P_1(x_1,y_1)$，$P_2(x_2,y_2)$ 的距离为

$$|P_1P_2|=\sqrt{(x_2-x_1)^2+(y_2-y_1)^2}$$

设点 $P_1(x_1,y_1)$，点 $P_2(x_2,y_2)$ 为平面内任意两点，则线段 P_1P_2 中点 $P_0(x_0,y_2)$ 的坐标为

$$\left(\dfrac{x_1+x_2}{2},\dfrac{y_1+y_2}{2}\right)$$

【互学】

三、合作：自主学习，小组合作

(一)公式的应用

例1 (1) $A(-3,1)$，$B(2,-5)$ 两点间的距离为（　　）．

A. $\sqrt{3}$　　　　B. $\sqrt{5}$　　　　C. 1　　　　D. $\sqrt{61}$

(2) 已知 △ABC 的顶点 $A(2,3)$，$B(-1,0)$，$C(2,0)$，则 △ABC 的周长是（　　）.

A. $2\sqrt{3}$　　　　B. $3+2\sqrt{3}$　　　　C. $6+3\sqrt{2}$　　　　D. $6+\sqrt{10}$

(二) 给值求值

例 2　已知点 $A(-2,-1)$，$B(a,3)$，且 $|AB|=5$，则 a 的值为 _____．

(三) 给值求角

例 3　在 Rt △ABC 中，D 是斜边 AB 的中点，P 为线段 CD 的中点，则 $\dfrac{|PA|^2+|PB|^2}{|PC|^2}=$ _____．

四、巩固：当堂检测，突破自我

1. 以点 $A(-3,0)$，$B(3,-2)$，$C(-1,2)$ 为顶点的三角形的形状是（　　）．

A. 等腰三角形　　　　　　　　　　B. 等边三角形

C. 直角三角形　　　　　　　　　　D. 以上都不是

2. 设点 A 在 x 轴上，点 B 在 y 轴上，线段 AB 的中点是 $P(2,-1)$，则 $|AB|=$ _____．

3. 已知 △ABC 的三个顶点为 $A(1,0)$，$B(-2,1)$，$C(0,3)$，试求 BC 边上的中线 AD 的长度．

五、小结：画龙点睛，提纲挈领

记住两点间距离公式、线段的中点坐标公式，并能够灵活运用，学会公式的正用、逆用的常用方法．

1. 知识清单

(1) 公式的推导、记忆．

(2) 给点求点、给值求值、求距离．

(3) 公式的正用、逆用、变形用．

2. 方法归纳

图像法．

3. 注意误区

距离公式应注意开算术平方根．

【评学】

六、互评：多元评价，促进成长

教师综合评价表				
评价项目		评价标准	分值	得分
考勤（10%）		无无故迟到、早退、旷课现象	10	
学习过程（60%）	课前准备	课前预习工作完善，准备充分	10	
	课堂参与	能够积极参与课堂活动的开展、展示	10	
	学习态度	态度端正，无故意扰乱课堂现象	10	
	合作能力	与小组成员关系协调、合作良好	10	
	职业素养	在学习过程中能体现本专业职业素养	10	
	创新意识	在课堂上有创新意识，提出不同见解	10	
学习成果（30%）	学习完整	能按时完成各环节学习任务	10	
	作业情况	能保证课堂、课后作业正确率	10	
	成果展示	能准确表达、及时复述学习收获	10	
合计			100	

作业：课后巩固，夯实成果

一、选择题

1. 已知点 $A(-1, 0)$，$B(5, 6)$，$C(3, 4)$，则 $\dfrac{|AC|}{|CB|} = (\quad)$.

   A. $\dfrac{1}{3}$ B. $\dfrac{1}{2}$ C. 3   D. 2

2. 两直线 $3ax - y - 2 = 0$ 和 $(2a-1)x + 5ay - 1 = 0$ 分别过定点 A，B，则 $|AB| = (\quad)$.

   A. $\dfrac{\sqrt{89}}{5}$ B. $\dfrac{17}{5}$ C. $\dfrac{13}{5}$ D. $\dfrac{11}{5}$

3. 已知点 $A(5, 2a-1)$，$B(a+1, a-4)$，当 $|AB|$ 取最小值时，实数 a 的值是（　　）.

   A. $-\dfrac{7}{2}$ B. $-\dfrac{1}{2}$ C. $\dfrac{1}{2}$ D. $\dfrac{7}{2}$

4*. （多选）对于 $\sqrt{x^2 + 2x + 5}$，下列说法中正确的是（　　）.

   A. 可看作点 $(x, 0)$ 与点 $(1, 2)$ 的距离

B. 可看作点$(x,0)$与点$(-1,-2)$的距离

C. 可看作点$(x,0)$与点$(-1,2)$的距离

D. 可看作点$(x,-1)$与点$(-1,1)$的距离

二、填空题

5. 在 x 轴上找一点 Q，使点 Q 与点 $A(5,12)$ 间距离为 13，则点 Q 的坐标为_____.

6*. 已知点 $Q(4,n)$ 是点 $P(m,2)$ 和点 $R(3,8)$ 连线的中点，则 m 与 n 的值分别为_____.

三、解答题

7. 已知点 $S(0,2)$ 和点 $T(-6,-1)$，现将线段 ST 四等分，试求出各分点的坐标.

8*. 如图所示，已知 BD 是 $\triangle ABC$ 的边 AC 上的中线，建立适当的平面直角坐标系，证明：$|AB|^2+|BC|^2-\dfrac{1}{2}|AC|^2=2|BD|^2$.

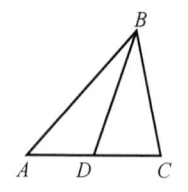

6.2 直线的方程

6.2.1 直线的倾斜角与斜率

【学习目标】

知识目标：

(1) 理解直线的倾斜角、斜率的概念.

(2) 掌握直线的倾斜角、斜率的计算方法.

技能目标：

通过直线的倾斜角求直线的斜率，培养学生的数形结合能力．

素养目标：

通过学习直线的倾斜角，培养学生感知美的能力．

【学习重点】

直线的斜率公式的应用．

【学习难点】

直线的斜率概念和公式的理解．

【导学】

一、导入：创设情景，导入课题

如图所示，直线 l_1，l_2，l_3 虽然都经过点 P，但是它们相对于 x 轴的倾斜程度是不同的．

二、精讲：突出重点，突破难点

为了确定直线对 x 轴的倾斜程度，我们引入直线的倾斜角的概念．

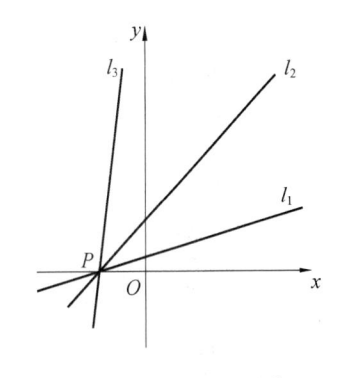

如图所示，设直线 l 与 x 轴相交于点 P，A 是 x 轴上位于点 P 右方的一点，B 是位于上半平面的 l 上的一点，则 $\angle APB$ 叫作直线 l 对 x 轴的倾斜角．若直线 l 平行于 x 轴，则规定倾斜角为 $0°$，这样，对任意的直线，均有 $0° \leqslant \alpha < 180°$．

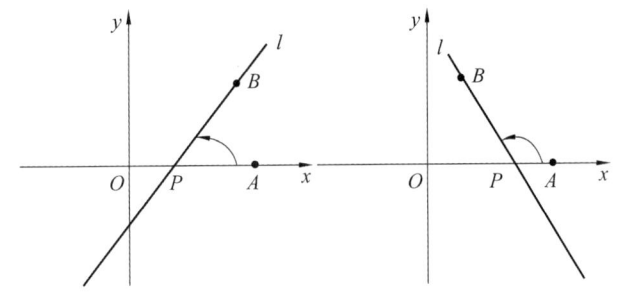

下面研究如何根据直线上的任意两个点的坐标来确定倾斜角的大小．

设 $P_1(x_1, y_1)$，$P_2(x_2, y_2)$ 为直线 l 上的任意两点，可以得到如图所示的几种情况．

当 $\alpha \neq 90°$ 时，$x_1 \neq x_2$，$\tan \alpha = \dfrac{y_2 - y_1}{x_2 - x_1}$（见图（1），图（2））．

当 $\alpha = 90°$ 时，$x_1 = x_2$，$\tan \alpha$ 的值不存在，此时直线 l 与 x 轴垂直（见图（3））．

(1)　　　　　　　　　　(2)　　　　　　　　　　(3)

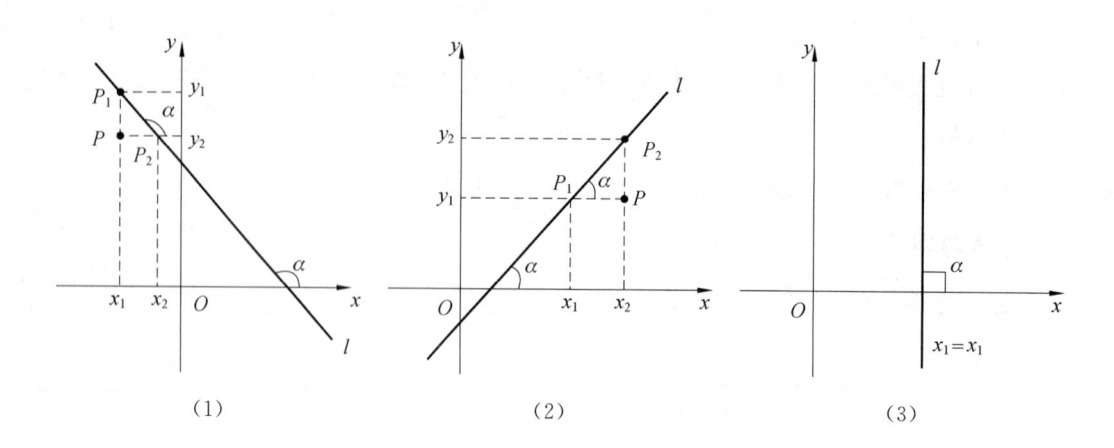

【知识梳理】

倾斜角 α ($\alpha \neq 90°$) 的正切值叫作直线 l 的斜率，用小写字母 k 表示，即 $k = \tan\alpha$. 设点 $P_1(x_1, y_1)$, $P_2(x_2, y_2)$ 为直线 l 上的任意两点，则直线 l 的斜率为

$$k = \frac{y_2 - y_1}{x_2 - x_1} (x_1 \neq x_2)$$

【想一想】

当点 P_1, P_2 的纵坐标相同时，斜率是否存在？倾斜角是多少？

【互学】

三、合作：自主学习，小组合作

(一) 公式的应用

例1 (1) 直线 l 的倾斜角为 α，且 $\sin\alpha = \frac{3}{5}$，则直线 l 的斜率是（　　）.

A. $-\frac{4}{3}$　　　　B. $\frac{3}{4}$　　　　C. $\frac{3}{4}$ 或 $-\frac{3}{4}$　　　　D. $\frac{4}{3}$ 或 $-\frac{4}{3}$

(2) 在平面直角坐标系中，直线 $x + \sqrt{3}y - 3 = 0$ 的倾斜角是（　　）.

A. $\frac{\pi}{6}$　　　　B. $\frac{\pi}{3}$　　　　C. $\frac{5}{6}\pi$　　　　D. $\frac{2}{3}\pi$

(二) 直线的斜率

例2 过点 $(1, 2)$，$(3, 6)$ 的直线的斜率为 _____.

(三) 直线的倾斜角

例3 直线 $\frac{x}{2} + \frac{y}{4} = 1$ 的倾斜角的余弦值为 _____.

四、巩固：当堂检测，突破自我

1. 若点 $A(1,2)$，$B(-2,3)$，$C(4,y)$ 在同一条直线上，则 y 的值是_____.

2. 若直线过点 $(1,2)$，$(4,2+\sqrt{3})$，则此直线的倾斜角是_____.

3. 求直线 $3x+\sqrt{3}y+1=0$ 的倾斜角.

五、小结：画龙点睛，提纲挈领

记住直线斜率的公式，并会使用公式求斜率，掌握公式的正用、逆用的常用方法.

1. 知识清单

(1)公式的推导.

(2)根据直线的倾斜角求斜率，根据斜率求直线的倾斜角.

(3)公式的正用、逆用、变形用.

2. 方法归纳

构造法.

3. 常见误区

求值或求角时忽视角的范围.

【评学】

六、互评：多元评价，促进成长

学生自评表			
评价项目	评价标准	分值	得分
考勤	无无故迟到、早退、旷课现象	10	
课前准备	课前预习工作完善，准备充分	10	
课堂参与	能够积极参与课堂活动的开展、展示	10	
学习态度	态度端正，无故意扰乱课堂现象	10	
合作能力	与小组成员关系协调、合作良好	10	
创新意识	在课堂上有创新意识，提出不同见解	10	
学习效能	学有所得，能按时按质完成课后作业	10	
数学素养	获得一定的数学抽象、逻辑推理、数学建模、数学运算、直观想象、数据分析能力	10	
职业素养	在学习过程中能体现本专业职业素养	10	
道德品质	通过学习获得一定的道德品质提升	10	
	合计	100	

作业：课后巩固，夯实成果

一、选择题

1. 若 $A(-2,3)$，$B(3,-2)$，$C\left(\dfrac{1}{2}, m\right)$ 三点共线，则 m 的值为（　　）．

   A. $\dfrac{1}{2}$　　　　B. $-\dfrac{1}{2}$　　　　C. -2　　　　D. 2

2. 在平面直角坐标系中，直线 $x+\sqrt{3}y-3=0$ 的倾斜角是（　　）．

   A. $\dfrac{\pi}{6}$　　　　B. $\dfrac{\pi}{3}$　　　　C. $\dfrac{5\pi}{6}$　　　　D. $\dfrac{2\pi}{3}$

3*. (多选)直线过点 $(-4,0)$，倾斜角的正弦值为 $\dfrac{\sqrt{10}}{10}$，其斜率为（　　）．

   A. $\dfrac{1}{3}$　　　　B. $-\dfrac{1}{3}$　　　　C. 3　　　　D. -3

二、填空题

4. 设点 $P(-3,1)$，$Q(-5,3)$，则直线 PQ 的斜率为_____，倾斜角为_____．

5*. 已知 $\theta\in\left[0,\dfrac{\pi}{2}\right]$，则直线 $y=x\sin\theta+1$ 的倾斜角的取值范围是_____．

三、解答题

6. 判断满足下列条件的直线的斜率是否存在，若存在，求出结果．

   (1) 直线的倾斜角为 $45°$；

   (2) 直线过点 $A(-1,2)$ 与点 $B(3,2)$；

   (3) 直线平行于 y 轴；

   (4) 点 $M(4,-2)$，点 $N(4,3)$ 在直线上．

7*. 在平面直角坐标系 xOy 中，双曲线 C：$\dfrac{x^2}{12}-\dfrac{y^2}{4}=1$ 的右焦点为 F，一条过原点 O 且倾斜角为锐角的直线 l 与双曲线 C 交于 A，B 两点．若 $\triangle FAB$ 的面积为 $8\sqrt{3}$，求直线 l 的斜率．

6.2.2　直线的点斜式方程和斜截式方程

【学习目标】

知识目标：

掌握直线的点斜式方程、斜截式方程．

技能目标：

掌握直线的斜截式方程是直线的点斜式方程的特例；了解直线的斜截式方程与一次函数的解析式具有相同的形式，要强调公式中 b 的意义．

素养目标：

培养学生解决问题的能力与计算能力．

【学习重点】

掌握直线的点斜式方程、斜截式方程．

【学习难点】

掌握直线的斜截式方程是直线的点斜式方程的特例，了解直线的斜截式方程与一次函数的解析式具有相同的形式．

【导学】

一、导入：创设情景，导入课题

复习 1：直线的点斜式方程 $y-y_0=k(x-x_0)$．

复习 2：当直线经过点 $P_0(x_0,y_0)$ 且斜率不存在时，直线的倾斜角为 $90°$，此时直线与 x 轴垂直，直线上所有的点横坐标都是 x_0，因此其方程为 $x=x_0$．

※学习探究

探究任务一：截距的定义

新知1：如图所示，设直线 l 与 x 轴交于点 $A(a，0)$，与 y 轴交于点 $B(0，b)$，则 a 叫作直线 l 在 x 轴上的截距(或横截距)，b 叫作直线 l 在 y 轴上的截距(或纵截距).

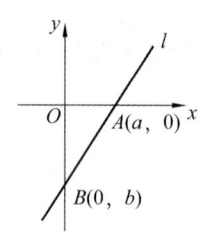

【想一想】

直线在 x 轴及 y 轴上的截距有可能是负数吗？

试试1：

设直线 l 的倾斜角为 $60°$，并且经过点 $P(2，3)$.

(1)写出直线 l 的方程；

(2)求直线 l 在 x 轴、y 轴的截距.

探究任务二：直线的斜截式方程

新知2：设直线在 y 轴上的截距是 b，即直线经过点 $B(0，b)$，且斜率为 k. 则这条直线的方程为 $y-b=k(x-0)$，即 $y=kx+b$.

方程 $y=kx+b$ 叫作直线的斜截式方程，其中 k 为直线的斜率，b 为直线在 y 轴的截距.

试试2：

设直线在 y 轴上的截距为 -2，斜率为 3，则这条直线的斜截式方程是什么？

二、精讲：突出重点，突破难点

1. 直线的点斜式方程和斜截式方程

项目	点斜式	斜截式
已知条件	点 $P(x_0，y_0)$ 和斜率 k	斜率 k 和直线在 y 轴上的截距 b
图示		
方程形式	$y-y_0=k(x-x_0)$	$y=kx+b$
适用条件	斜率存在	

直线的点斜式方程能否表示坐标平面上的所有直线呢？

提示：不能．有斜率的直线才能写成点斜式方程，凡是垂直于 x 轴的直线，其方程都不能用点斜式表示．

2. 直线在 y 轴上的截距

定义：直线 l 与 y 轴交点 $(0,b)$ 的纵坐标 b．

符号：可正，可负，也可为 0．

直线在 y 轴上的截距和直线与 y 轴交点到原点的距离是一回事吗？

提示：不是．直线在 y 轴上的截距是它与 y 轴交点的纵坐标，截距是一个实数，可正、可负、可为 0．当截距非负时，它等于直线与 y 轴交点到原点的距离；当截距为负时，它等于直线与 y 轴交点到原点距离的相反数．

【知识梳理】

(1)直线的点斜式方程 $y-y_0=k(x-x_0)$．

(2)直线的斜截式方程 $y=kx+b$，其中 k 为直线的斜率，b 为直线在 y 轴的截距．

【互学】

三、合作：自主学习，小组合作

(一)公式的应用

例1 (1)已知直线 l 经过点 $P(2,-3)$，且倾斜角 $\alpha=45°$，则直线 l 的点斜式方程是（　　）．

A. $y+3=x-2$　　B. $y-3=x+2$　　C. $y+2=x-3$　　D. $y-2=x+3$

(2)经过点 $(-1,1)$，斜率是直线 $y=\dfrac{\sqrt{2}}{2}x-2$ 的斜率的 2 倍的直线方程是（　　）．

A. $x=-1$　　　　　　　　　　　B. $y=1$

C. $y-1=\sqrt{2}(x+1)$　　　　　D. $y-1=2\sqrt{2}(x+1)$

(二)斜截式方程

例2 在 y 轴上的截距为 2，且斜率为 -3 的直线的斜截式方程为_____．

(三)点斜式方程

例3 已知三角形三顶点 $A(4,0)$，$B(8,10)$，$C(0,6)$，过点 A 且倾斜角等于直线 BC 的倾斜角的点斜式方程为_____．

四、巩固：当堂检测，突破自我

1. 斜率为 2，在 y 轴上的截距是 5 的直线的斜截式方程是_____．

2. 倾斜角为 60°，与 y 轴的交点到坐标原点的距离为 3 的直线的斜截式方程是_____．

3. 已知过点 $P(6，-1)$ 的直线 l 与 x 轴、y 轴的正方向分别交于点 A，B，且 $\triangle AOB$ 的面积为 4，求直线 l 的方程．

五、小结：画龙点睛，提纲挈领

记住直线斜率的公式，并会使用公式求斜率，掌握直线的斜截式方程和点斜式方程．

1. 知识清单

(1) 公式的推导．

(2) 根据直线的倾斜角求斜率，根据斜率求直线的方程．

(3) 公式的正用、逆用、变形用．

2. 方法归纳

构造法．

3. 常见误区

求值或求角时忽视角的范围．

【评学】

六、互评：多元评价，促进成长

学生互评表												
评价项目	分值	等级							评价成员(第____组)			
									1	2	3	4	5	6
学习态度	10	优	10	良	8	中	6	差	4						
课堂纪律	10	优	10	良	8	中	6	差	4						
文明用语	10	优	10	良	8	中	6	差	4						
互帮互助	10	优	10	良	8	中	6	差	4						
学习效果	10	优	10	良	8	中	6	差	4						
创新意识	10	优	10	良	8	中	6	差	4						
参与小组活动	10	优	10	良	8	中	6	差	4						
任务单完成情况	10	优	10	良	8	中	6	差	4						
笔记情况	10	优	10	良	8	中	6	差	4						
小组贡献率	10	优	10	良	8	中	6	差	4						
合计	100														

作业：课后巩固，夯实成果

一、选择题

1. 直线 $y=-3x-6$ 的斜率为 k，在 y 轴上的截距为 b，则( ).

   A. $k=3$，$b=6$　　　　　　　　B. $k=-3$，$b=-6$

   C. $k=-3$，$b=6$　　　　　　　D. $k=3$，$b=-6$

2. 关于方程 $y-y_0=k(x-x_0)$，下列说法中正确的是( ).

   A. 可以表示任何直线　　　　　B. 不能表示过原点的直线

   C. 不能表示与 y 轴垂直的直线　D. 不能表示与 x 轴垂直的直线

3. 已知直线的方程是 $y+2=-x-1$，则( ).

   A. 直线经过点 $(-1,2)$，斜率为 -1　　B. 直线经过点 $(2,-1)$，斜率为 -1

   C. 直线经过点 $(-1,-2)$，斜率为 -1　D. 直线经过点 $(-2,-1)$，斜率为 1

4*. (多选)已知直线 l_1：$y=kx+b$，l_2：$y=bx+k$，则它们的图像不可能为( )

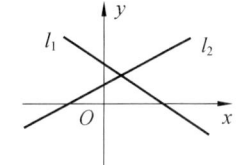

A.　　　　　　　　　B.

C.　　　　　　　　　D.

二、填空题

5. 给出下列四个结论：①方程 $k=\dfrac{y-2}{x+1}$ 与方程 $y-2=k(x+1)$ 可表示同一直线；

②直线 l 过点 $P(x_1,y_1)$，倾斜角为 $90°$，则其方程是 $x=x_1$；

③直线 l 过点 $P(x_1,y_1)$，斜率为 0，则其方程是 $y=y_1$；

④所有的直线都有点斜式和斜截式方程.

其中正确结论的序号为_____.

6*. 已知直线 $y=\dfrac{1}{2}x+k$ 与两坐标轴围成的三角形的面积不小于 1，则实数 k 的取值范围是_____.

三、解答题

7. 求斜率为 -3，且在 x 轴上截距为 2 的直线方程.

8*. 直线 l 的纵截距为 -2，且倾斜角是直线 $\sqrt{3}x-y+2=0$ 的倾斜角的 2 倍，求直线 l 的方程.

6.2.3 直线的一般式方程

【学习目标】

知识目标：

掌握直线的一般式方程，掌握直线方程几种形式之间的互化.

技能目标：

理解直线与二元一次方程的关系及其证明.

素养目标：

培养学生抽象概括能力、分类讨论能力、逆向思考的习惯，形成特殊与一般辩证统一的观点.

【学习重点】

直线方程的一般式.

【学习难点】

直线与二元一次方程 $Ax+By+C=0$（A，B 不同时为 0）的对应关系及其证明.

【导学】

一、导入：创设情景，导入课题

思考：

(1) 当 A，B 同时为 0 时，方程 $Ax+By+C=0$ 表示什么？

(2) 任何一条直线的一般式方程都能与其他四种形式互化吗？

答： (1) 当 $C=0$ 时，方程对任意的 x，y 都成立，故方程表示整个坐标平面；

当 $C\neq 0$ 时，方程无解，方程不表示任何图形.

故方程 $Ax+By+C=0$，不一定代表直线，只有当 A，B 不同时为 0 时，即 $A^2+B^2\neq 0$ 时才代表直线.

(2)不是．当一般式方程中的 $B=0$ 时，直线的斜率不存在，不能化成其他形式；当 $C=0$ 时，直线过原点，不能化为截距式．但其他四种形式都可以化为一般式．

二、精讲：突出重点，突破难点

(1)在平面直角坐标系中，对于任何一条直线，都有一个表示这条直线的关于 x，y 的二元一次方程；任何关于 x，y 的二元一次方程都表示一条直线．方程 $Ax+By+C=0$（其中 A，B 不同时为 0）叫作直线的一般式方程．

(2)对于直线 $Ax+By+C=0$，当 $B\neq 0$ 时，其斜率为 $-\dfrac{A}{B}$，在 y 轴上的截距为 $-\dfrac{C}{B}$；当 $B=0$ 时，在 x 轴上的截距为 $-\dfrac{C}{A}$；当 $AB\neq 0$ 时，在 x 轴，y 轴上的截距分别为 $-\dfrac{C}{A}$，$-\dfrac{C}{B}$．

(3)直线的一般式方程的结构特征：
①方程是关于 x，y 的二元一次方程．
②按照常数在后的顺序排列．
③x 的系数一般不为分数和负数．
④虽然直线方程的一般式有三个参数，但只需两个独立的条件即可求得直线的方程．

【互学】

三、合作：自主学习，小组合作

(一)直线的一般式方程与其他形式的转化

例 1 (1)下列直线中，斜率为 $-\dfrac{4}{3}$，且不经过第一象限的是（   ）．

A. $3x+4y+7=0$　　　　　　　　B. $4x+3y+7=0$

C. $4x+3y-42=0$　　　　　　　D. $3x+4y-42=0$

(2)直线 $\sqrt{3}x-5y+9=0$ 在 x 轴上的截距为（   ）．

A. $\sqrt{3}$　　　　B. -5　　　　C. $\dfrac{9}{5}$　　　　D. $-3\sqrt{3}$

(二)直线的一般式方程

例 2 一条直线经过点 $A(-2,2)$，并且与两坐标轴围成的三角形的面积为 1，则此直线方程为 _____．

(三)直线的一般式方程的应用

例 3 已知直线 l_1：$ax+3y-1=0$ 与直线 l_2：$2x+(a-1)y+1=0$ 垂直，则实数 $a=$ _____．

四、巩固：当堂检测，突破自我

1. 若直线 $mx+3y-5=0$ 经过连接点 $A(-1,-2)$，$B(3,4)$ 的线段的中点，则

$m =$ _____ .

2. 直线 $l：ax+(a+1)y+2=0$ 的倾斜角大于 $45°$，则 a 的取值范围是_____ .

3. 已知两条直线 $a_1x+b_1y+4=0$ 和 $a_2x+b_2y+4=0$ 都过点 $A(2,3)$，则过两点 $P_1(a_1,b_1)$，$P_2(a_2,b_2)$ 的直线方程为_____ .

五、小结：画龙点睛，提纲挈领

记住直线的一般式方程，并会使用公式求斜率，掌握公式的正用、逆用的常用方法.

1. 知识清单

(1) 公式的推导记忆.

(2) 根据直线的一般式方程求直线的斜率，从而求直线的倾斜角.

(3) 公式的正用、逆用、变形用.

2. 方法归纳

构造法.

3. 常见误区

求值或求角时忽视角的范围.

【评学】

六、互评：多元评价，促进成长

教师综合评价表				
评价项目		评价标准	分值	得分
考勤（10%）		无无故迟到、早退、旷课现象	10	
学习过程 （60%）	课前准备	课前预习工作完善，准备充分	10	
	课堂参与	能够积极参与课堂活动的开展、展示	10	
	学习态度	态度端正，无故意扰乱课堂现象	10	
	合作能力	与小组成员关系协调、合作良好	10	
	职业素养	在学习过程中能体现本专业职业素养	10	
	创新意识	在课堂上有创新意识，提出不同见解	10	
学习成果 （30%）	学习完整	能按时完成各环节学习任务	10	
	作业情况	能保证课堂、课后作业正确率	10	
	成果展示	能准确表达、及时复述学习收获	10	
合计			100	

作业：课后巩固，夯实成果

一、选择题

1. 直线 $(2m^2-5m+2)x-(m^2-4)y+5m=0$ 的倾斜角为 $45°$，则 m 的值为( ).
   A. -2 B. 2 C. -3 D. 3

2. 直线 l 的方程为 $Ax+By+C=0$，若直线 l 过原点和二、四象限，则( ).
   A. $C=0$，$B>0$
   B. $A>0$，$B>0$，$C=0$
   C. $AB<0$，$C=0$
   D. $AB>0$，$C=0$

3. 直线 $ax+3my+2a=0(m\neq 0)$ 过点 $(1,-1)$，则直线的斜率 k 为( ).
   A. -3 B. 3 C. $\dfrac{1}{3}$ D. $-\dfrac{1}{3}$

4*. (多选)已知两条直线 $y=ax-2$ 和 $3x-(a+2)y+1=0$ 互相平行，则 a 为( ).
   A. 1 B. -1 C. 3 D. -3

二、填空题

5. 直线 $x+y-3=0$ 的倾斜角的度数是_____.

6*. 若三条直线 $x+y=0$，$x-y=0$，$x+ay=3$ 构成三角形，则 a 的取值范围是_____.

三、解答题

7. 设直线 l 的方程为 $(a+1)x+y+2-a=0(a\in \mathbf{R})$.
   (1)若直线 l 在两坐标轴上的截距相等，求直线 l 的方程；
   (2)若直线 l 不经过第二象限，求实数 a 的取值范围.

8*. (1)已知直线 $l_1:2x+(m+1)y+4=0$ 与直线 $l_2:mx+3y-2=0$ 平行，求 m 的值.
   (2)当 a 为何值时，直线 $l_1:(a+2)x+(1-a)y-1=0$ 与直线 $l_2:(a-1)x+(2a+3)y+2=0$ 互相垂直？

6.3 两条直线的位置关系

6.3.1 两条直线平行

【学习目标】

知识目标：
(1)掌握两条直线平行的条件.
(2)能应用两条直线平行的条件解题.

技能目标：
培养学生的数学思维及分析问题和解决问题的能力.

素养目标：
培养学生抽象概括能力、分类讨论能力、逆向思考的习惯，形成特殊与一般辩证统一的观点.

【学习重点】

两条直线平行的条件.

【学习难点】

两条直线平行的判断及应用.

【导学】

一、导入：创设情景，导入课题

【知识回顾】

我们知道，平面内两条直线的位置关系有三种：平行、相交、重合. 并且知道，两条直线都与第三条直线相交时，"同位角相等"是"这两条直线平行"的充要条件.

【问题】

两条直线平行，它们的斜率之间存在什么联系呢？

二、精讲：突出重点，突破难点

当两条直线 l_1，l_2 的斜率都存在且都不为 0 时(见图(1))，如果直线 $l_1 /\!/ l_2$，那么这两条直线与 x 轴相交的同位角相等，即直线的倾斜角相等，故两条直线的斜率相等；反过来，如果直线的斜率相等，那么这两条直线的倾斜角相等，即两条直线与 x 轴相交的同位角相等，故两直线平行.

当直线 l_1，l_2 的斜率都是 0 时(见图(2))，两条直线都与 x 轴平行，所以直线 $l_1/\!/l_2$.

当两条直线 l_1，l_2 的斜率都不存在时(见图(3))，直线 l_1 与直线 l_2 都与 x 轴垂直，所以直线 $l_1/\!/l_2$.

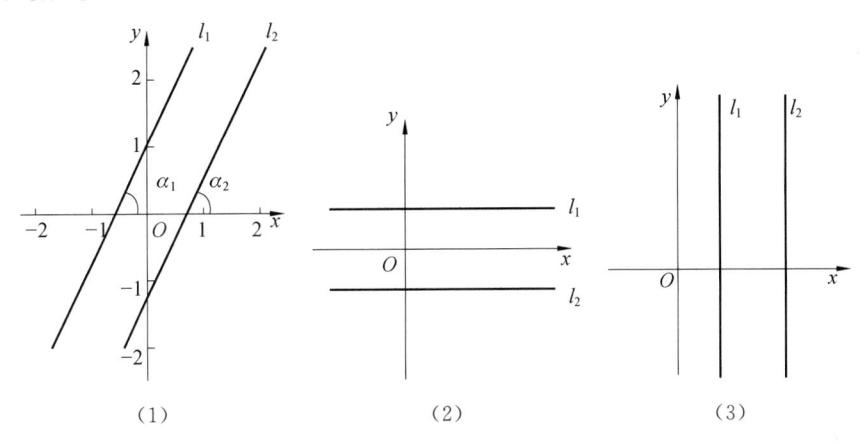

(1)　　　　　　　　(2)　　　　　　　　(3)

显然，当直线 l_1，l_2 的斜率都存在但不相等或一条直线的斜率存在而另一条直线的斜率不存在时，两条直线相交.

直线平行的判断：

①若直线 l_1，l_2 有斜截式(或点斜式)方程 $l_1: y=k_1x+b_1$，$l_2: y=k_2x+b_2$，
则 $l_1/\!/l_2 \Leftrightarrow k_1=k_2$，$b_1 \neq b_2$.

②若直线 l_1，l_2 有一般式方程：$l_1: A_1x+B_1y+C_1=0$，$l_2: A_2x+B_2y+C_2=0$，
则 $l_1/\!/l_2 \Leftrightarrow A_1B_2-A_2B_1=0$，$C_1B_2-C_2B_1 \neq 0$.

判断两条直线平行的一般步骤：

(1)判断两条直线的斜率是否存在，若都不存在，则平行；若只有一个不存在，则相交.

(2)若两条直线的斜率都存在，将它们都化成斜截式方程，若斜率不相等，则相交；若斜率相等，比较两条直线的纵截距，相等则重合，不相等则平行.

【互学】

三、合作：自主学习，小组合作

(一)判断下列各组直线的位置关系

例 1　(1)直线 $l_1: y=\dfrac{4}{3}x-5$，$l_2: 4x-3y+1=0$；

(2)直线 $l_1: x+3y-4=0$，$l_2: -2x-6y+8=0$.

(二)直线的位置关系

例2 过点$(2,3)$且平行于直线$2x+y-5=0$的方程为 _____.

(三)直线位置关系的应用

例3 已知直线l的方程为$3x+4y-12=0$,则与直线l平行且过点$(-1,3)$的直线方程为 _____.

四、巩固：当堂检测，突破自我

1. 已知直线l_1的斜率为3,直线l_2经过点$A(1,2)$,$B(2,a)$,若直线$l_1 \parallel l_2$,则$a=$ _____.

2. 已知直线$l_1: x+my+6=0$,$l_2: (m-2)x+3y+2m=0$,若直线$l_1 \parallel l_2$,则m的值为 _____.

3. 已知直线$l_1: x+my+6=0$,$l_2: (m-2)x+3y+2m=0$,若直线l_1和l_2重合,则m的值为 _____.

五、小结：画龙点睛，提纲挈领

当两条直线l_1,l_2的斜率都存在且都不为0时,如果两条直线的斜率相等,那么直线$l_1 \parallel l_2$;

当直线l_1,l_2的斜率都是0时,两条直线都与x轴平行,所以直线$l_1 \parallel l_2$. 当两条直线l_1,l_2的斜率都不存在时,直线l_1与直线l_2都与x轴垂直,所以直线$l_1 \parallel l_2$.

【评学】

六、互评：多元评价，促进成长

学生自评表			
评价项目	评价标准	分值	得分
考勤	无无故迟到、早退、旷课现象	10	
课前准备	课前预习工作完善,准备充分	10	
课堂参与	能够积极参与课堂活动的开展、展示	10	
学习态度	态度端正,无故意扰乱课堂现象	10	
合作能力	与小组成员关系协调、合作良好	10	
创新意识	在课堂上有创新意识,提出不同见解	10	
学习效能	学有所得,能按时按质完成课后作业	10	
数学素养	获得一定的数学抽象、逻辑推理、数学建模、数学运算、直观想象、数据分析能力	10	
职业素养	在学习过程中能体现本专业职业素养	10	
道德品质	通过学习获得一定的道德品质提升	10	
合计		100	

作业：课后巩固，夯实成果

一、选择题

1. 直线 $3x+y+1=0$ 和直线 $6x+2y+1=0$ 的位置关系是（　　）.

   A. 重合　　　B. 平行　　　C. 垂直　　　D. 相交但不垂直

2. 如果直线 $x+2ay-1=0$ 与直线 $(3a-1)x-ay-1=0$ 平行，则 $a=$（　　）.

   A. 0　　　B. $\dfrac{1}{6}$　　　C. 0 或 1　　　D. 0 或 $\dfrac{1}{6}$

3. 下列直线中，与已知直线 $y=-\dfrac{4}{3}x+1$ 平行，且不过第一象限的直线的方程是（　　）.

   A. $3x+4y+7=0$　　　　　　B. $4x+3y+7=0$

   C. $4x+3y-42=0$　　　　　D. $3x+4y-42=0$

4*. （多选）下列命题中错误的是（　　）.

   A. 斜率相等的两条直线一定平行

   B. 若两条不重合的直线 l_1，l_2 平行，则它们的斜率一定相等

   C. 直线 l_1：$x=1$ 与直线 l_2：$x=2$ 不平行

   D. 直线 l_1：$(\sqrt{2}-1)x+y=2$ 与直线 l_2：$x+(\sqrt{2}+1)y=3$ 平行

二、填空题

5. 直线 l_1 经过点 $A(2,1)$，$B(-3,5)$，直线 l_2 经过点 $C(3,-3)$，$D(8,-7)$，则两条直线的位置关系是_____.

6*. 若经过两点 $A(2,3)$，$B(-1,x)$ 的直线 l_1 与斜率为 1 的直线 l_2 平行，则 $x=$_____.

三、解答题

7. 根据下列给定的条件，判断直线 l_1 与直线 l_2 是否平行.

   (1) 直线 l_1 经过点 $A(2,1)$，$B(-3,5)$，直线 l_2 经过点 $C(3,-3)$，$D(8,-7)$；

   (2) 直线 l_1 的倾斜角为 $60°$，直线 l_2 经过点 $M(3,2\sqrt{3})$，$N(-2,-3\sqrt{3})$.

8*. 已知直线 l_1 经过点 $A(-3, 3)$，$B(-8, 6)$，直线 l_2 经过点 $M\left(-\dfrac{21}{2}, 6\right)$，$N\left(\dfrac{9}{2}, -3\right)$，求证：直线 $l_1 /\!/ l_2$.

6.3.2 两条直线相交

【学习目标】

知识目标：

熟练掌握利用直线方程求两条直线的交点坐标的方法.

技能目标：

理解两条直线的三种位置关系(平行、相交、重合)与相应的直线方程所组成的二元一次方程组的解(无解、有唯一解、有无数个解)的对应关系.

素养目标：

了解简单的直线对称问题，会求已知直线关于点或直线对称的直线的方程.

【学习重点】

掌握利用直线方程求两条直线的交点坐标的方法.

【学习难点】

了解简单的直线对称问题，会求已知直线关于点或直线对称的直线的方程.

【导学】

一、导入：创设情景，导入课题

(1)有了直线的方程，对直线之间的位置关系的研究就可以转化为对直线方程的研究.

(2)直线关于直线的对称问题一般转化为点关于直线的对称点问题进行处理．在具体问题中，直线和点都具有特殊性，要充分利用它们的特殊性解决问题.

(3)对于两条直线，用方程组研究它们的交点情况，理解两条直线的三种位置关系平行、相交、重合与相应的直线方程所组成的二元一次方程组的解(无解、有唯一解、有无数个解)的对应关系.

二、精讲：突出重点，突破难点

1. 两直线的位置关系

垂直的判断：

①当直线 l_1，l_2 有斜截式(或点斜式)方程：$l_1：y=k_1x+b_1$，$l_2：y=k_2x+b_2$，则直线 $l_1 \perp l_2 \Leftrightarrow k_1 \cdot k_2 = -1$.

②当直线 l_1，l_2 有一般式方程：$l_1：A_1x+B_1y+C_1=0$，$l_2：A_2x+B_2y+C_2=0$，则直线 $l_1 \perp l_2 \Leftrightarrow A_1A_2+B_1B_2=0$.

2. 两条直线的交点

若直线 $l_1：A_1x+B_1y+C_1=0$，$l_2：A_2x+B_2y+C_2=0$，

则直线 l_1，l_2 的交点为方程 $\begin{cases} A_1x+B_1y+C_1=0, \\ A_2x+B_2y+C_2=0 \end{cases}$ 的解.

【知识梳理】

(1)两直线垂直，斜率之积为 -1.

(2)两直线相交，形成交点，可从交点坐标入手解决问题，求直线方程等.

【互学】

三、合作：自主学习，小组合作

(一)公式的应用

例 1 (1)直线 $3x+y+1=0$ 和直线 $x-3y+1=0$ 的位置关系是(　　).

A. 重合　　　　B. 平行　　　　C. 垂直　　　　D. 相交但不垂直

(2)若三条直线 $2x+3y+8=0$，$x-y-1=0$ 和 $x+ky=0$ 相交于一点，则 $k=$ (　　).

A. -2　　　　B. $-\dfrac{1}{2}$　　　　C. 2　　　　D. $\dfrac{1}{2}$

(二)利用方程组求两直线交点的问题

例 2 已知 $\triangle ABC$ 的顶点 $B(3,4)$，AB 边上的高 CE 所在直线的方程为 $2x+3y-16=0$，BC 边上的中线 AD 所在直线的方程为 $2x-3y+1=0$，求 AC 的长.

(三)两直线相交

例 3 已知直线 $l_1：2x-3y+10=0$，$l_2：3x+4y-2=0$，求过直线 l_1 和 l_2 的交点，且与直线 $l_3：3x-2y+4=0$ 垂直的直线 l 的方程.

四、巩固：当堂检测，突破自我

1. 过点 $(2，3)$ 且垂直于直线 $3x+4y-3=0$ 的方程为 _____.

2. 已知直线 l_1 的斜率为 3，直线 l_2 经过点 $A(1，2)$，$B(2，a)$，若 $l_1 \perp l_2$，则 $a=$ _____.

3. 若直线 l_1 的斜率为 -10，l_2 经过点 $A(10，2)$，$B(20，3)$，则 l_1 与 l_2 的位置关系为 _____.

五、小结：画龙点睛，提纲挈领

记住两直线垂直斜率的关系，并会使用两直线方程求交点坐标，掌握公式的正用、逆用的常用方法.

1. 知识清单

(1)公式的推导.

(2)根据直线的斜率，判断直线的位置关系.

(3)公式的正用、逆用、变形用.

2. 方法归纳

构造法.

3. 常见误区

垂直于坐标轴的特殊直线需要考虑.

【评学】

六、互评：多元评价，促进成长

学生互评表												
评价项目	分值	等级							评价成员(第____组)				
									1	2	3	4	5	6
学习态度	10	优	10	良	8	中	6	差	4						
课堂纪律	10	优	10	良	8	中	6	差	4						

续表

评价项目	分值	等级							评价成员(第_____组)					
									1	2	3	4	5	6
文明用语	10	优	10	良	8	中	6	差	4					
互帮互助	10	优	10	良	8	中	6	差	4					
学习效果	10	优	10	良	8	中	6	差	4					
创新意识	10	优	10	良	8	中	6	差	4					
参与小组活动	10	优	10	良	8	中	6	差	4					
任务单完成情况	10	优	10	良	8	中	6	差	4					
笔记情况	10	优	10	良	8	中	6	差	4					
小组贡献率	10	优	10	良	8	中	6	差	4					
合计	100													

作业：课后巩固，夯实成果

一、选择题

1. 已知直线 $mx+4y-2=0$ 与 $2x-5y+n=0$ 互相垂直，且垂足为 $(1,p)$，则 $m-n+p$ 的值为( ).

   A. 10　　　　B. 20　　　　C. 30　　　　D. 40

2. 已知点 $M(4,2)$ 与 $M(2,4)$ 关于直线 l 对称，则直线 l 的方程为( ).

   A. $x+y+6=0$　　B. $x+y-6=0$　　C. $x+y=0$　　D. $x-y=0$

3. 已知直线 $l_1: x+my+6=0$, $l_2: (m-2)x+3y+2m=0$，且 l_1 和 l_2 相交，则 m 的值不可能为( ).

   A. -2　　　B. 1　　　C. -1　　　D. $\dfrac{1}{2}$

4. *(多选)如果直线 l_1 的斜率为 a，直线 $l_1 \perp l_2$，则直线 l_2 的斜率为( ).

   A. $-a$　　　B. a　　　C. $-\dfrac{1}{a}$　　　D. 不存在

二、填空题

5. 过点 $(5,3)$ 且垂直于直线 $3x+4y-3=0$ 的方程为_____.

6*. 设直线 $l_1: 3x+4y-2=0$，直线 $l_2: 2x+y+2=0$，直线 $l_3: 3x-4y+2=0$，则直线 l_1 与 l_2 的交点到直线 l_3 的距离为_____.

三、解答题

7. 某直线过直线 l_1：$x-2y+3=0$ 与直线 l_2：$2x+3y-8=0$ 的交点，且点 $P(0,4)$ 到该直线的距离为 2，求该直线的方程.

8*. 已知直线 l 经过直线 l_1：$2x+y-5=0$ 与 l_2：$x-2y=0$ 的交点.

(1) 若点 $A(5,0)$ 到直线 l 的距离为 3，求直线 l 的方程；

(2) 求点 $A(5,0)$ 到直线 l 距离的最大值.

6.3.3 点到直线的距离

【学习目标】

知识目标：

理解点到直线距离公式的推导，熟练掌握点到直线的距离公式.

技能目标：

会用点到直线距离公式求两平行线间的距离.

素养目标：

认识事物之间在一定条件下的转化，用联系的观点看问题.

【学习重点】

理解点到直线距离公式的推导，熟练掌握点到直线的距离公式.

【学习难点】

会用点到直线距离公式求两平行线间的距离.

【导学】

一、导入：创设情景，导入课题

1. 特殊情况下的两直线平行与垂直

当两条直线中有一条直线没有斜率时：

(1)当另一条直线的斜率也不存在时,两直线的倾斜角都为90°,互相平行.

(2)当另一条直线的斜率为0时,一条直线的倾斜角为90°,另一条直线的倾斜角为0°,两直线互相垂直.

2. 斜率存在时两直线的平行与垂直

两条直线有斜率且不重合,如果它们平行,那么它们的斜率相等;反之,如果它们的斜率相等,则它们平行,即直线 $l_1 /\!/ l_2 \Leftrightarrow k_1 = k_2$ 且 $b_1 \neq b_2$.

已知直线 l_1,l_2 的方程为 $l_1: A_1 x + B_1 y + C_1 = 0$,$l_2: A_2 x + B_2 y + C_2 = 0$ ($A_1 B_1 C_1 \neq 0$,$A_2 B_2 C_2 \neq 0$),

则直线 $l_1 /\!/ l_2$ 的充要条件是 $\dfrac{A_1}{A_2} = \dfrac{B_1}{B_2} \neq \dfrac{C_1}{C_2}$.

如果两条直线的斜率分别是 k_1 和 k_2,则这两条直线垂直的充要条件是 $k_1 \cdot k_2 = -1$.

已知直线 l_1 和 l_2 的一般式方程为 $l_1: A_1 x + B_1 y + C_1 = 0$,$l_2: A_2 x + B_2 y + C_2 = 0$,则直线 $l_1 \perp l_2 \Leftrightarrow A_1 A_2 + B_1 B_2 = 0$.

3. 直线 l_1 到 l_2 的角的定义及公式

直线 l_1 按逆时针方向旋转到与 l_2 重合时所转的角,叫作直线 l_1 到直线 l_2 的角. 直线 l_1 到直线 l_2 的角 $\theta: 0° < \theta < 180°$,如果 $1 + k_1 \cdot k_2 = 0$,即 $k_1 \cdot k_2 = -1$,则 $\theta = \dfrac{\pi}{2}$. 如果 $1 + k_1 \cdot k_2 \neq 0$,$\tan \theta = \dfrac{k_2 - k_1}{1 + k_2 \cdot k_1}$.

4. 直线 l_1 与直线 l_2 的夹角的定义及公式

直线 l_1 到直线 l_2 的角是 θ_1,直线 l_2 到直线 l_1 的角是 $\pi - \theta_1$,当直线 l_1 与直线 l_2 相交但不垂直时,θ_1 和 $\pi - \theta_1$ 仅有一个角是锐角,我们把其中的锐角叫作两条直线的夹角. 当直线 $l_1 \perp l_2$ 时,直线 l_1 与直线 l_2 的夹角是 $\dfrac{\pi}{2}$,夹角 $\alpha: 0° < \alpha \leqslant 90°$. 如果 $1 + k_1 \cdot k_2 = 0$,即 $k_1 \cdot k_2 = -1$,则 $\alpha = \dfrac{\pi}{2}$. 如果 $1 + k_1 \cdot k_2 \neq 0$,$\tan \alpha = \left| \dfrac{k_2 - k_1}{1 + k_2 \cdot k_1} \right|$.

5. 两条直线是否相交的判断

两条直线是否有交点,就要看这两条直线方程所组成的方程组:
$\begin{cases} A_1 x + B_1 y + C_1 = 0, \\ A_2 x + B_2 y + C_2 = 0 \end{cases}$ 是否有唯一解.

二、精讲:突出重点,突破难点

1. 点到直线距离公式

点 $P(x_0, y_0)$ 到直线 $l: Ax + By + C = 0$ 的距离为
$$d = \dfrac{|Ax_0 + By_0 + C|}{\sqrt{A^2 + B^2}}$$

思考上述公式的证明方法.

在平面直角坐标系中,如果已知某点 P 的坐标为 (x_0, y_0),直线 l 的方程是 l: $Ax+By+C=0$,怎样用点的坐标和直线的方程直接求点 P 到直线 l 的距离呢?

方案一:根据定义,点 P 到直线 l 的距离 d 是点 P 到直线 l 的垂线段的长.

设点 P 到直线 l 的垂线段为 PQ,垂足点为 Q. 由 $PQ \perp$ 直线 l,可知直线 PQ 的斜率为 $\dfrac{B}{A}(A \neq 0)$. 根据点斜式写出直线 PQ 的方程,并由直线 l 与 PQ 的方程求出点 Q 的坐标. 由此根据两点间的距离公式求出 $|PQ|$,得到点 P 到直线 l 的距离为 d.

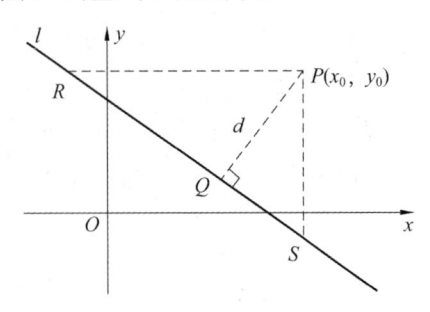

此方法虽思路自然,但运算较烦琐. 下面我们探讨另一种方法.

方案二:设 $A \neq 0$,$B \neq 0$,这时直线 l 与 x 轴、y 轴都相交,过点 P 作 x 轴的平行线,交直线 l 于点 $R(x_1, y_0)$;作 y 轴的平行线,交直线 l 于点 $S(x_0, y_2)$.

由 $\begin{cases} A_1 x_1 + B y_0 + C = 0, \\ A x_0 + B y_2 + C = 0 \end{cases}$ 得 $x_1 = \dfrac{-By_0 - C}{A}$,$y_2 = \dfrac{-Ax_0 - C}{B}$.

所以 $|PR| = |x_0 - x_1| = \left| \dfrac{Ax_0 + By_0 + C}{A} \right|$,$|PS| = |y_0 - y_2| = \left| \dfrac{Ax_0 + By_0 + C}{B} \right|$.

所以 $|RS| = \sqrt{PR^2 + PS^2} = \dfrac{\sqrt{A^2+B^2}}{|AB|} \times |Ax_0 + By_0 + C|$. 由三角形面积公式,可知 $d \cdot |RS| = |PR| \cdot |PS|$. 所以 $d = \dfrac{|Ax_0 + By_0 + C|}{\sqrt{A^2+B^2}}$ 可证明.

当 $A=0$ 或 $B=0$ 时,以上公式仍适用.

2. 两平行线间的距离公式

已知两条平行线直线 l_1 和 l_2 的一般式方程为 l_1: $Ax+By+C_1=0$,l_2: $Ax+By+C_2=0$,则 l_1 与 l_2 的距离为 $d = \dfrac{|C_1 - C_2|}{\sqrt{A^2+B^2}}$.

证明:设 $P_0(x_0, y_0)$ 是直线 $Ax+By+C_2=0$ 上任一点,则点 P_0 到直线 $Ax+By+C_1=0$ 的距离为 $d = \dfrac{|Ax_0+By_0+C_1|}{\sqrt{A^2+B^2}}$. 又因为 $Ax_0+By_0+C_2=0$,

即 $Ax_0+By_0=-C_2$,所以 $d = \dfrac{|C_1-C_2|}{\sqrt{A^2+B^2}}$.

【知识梳理】

1. 点到直线距离公式

点 $P(x_0, y_0)$ 到直线 $l: Ax+By+C=0$ 的距离为

$$d=\frac{|Ax_0+By_0+C|}{\sqrt{A^2+B^2}}$$

2. 两平行线间的距离公式

已知两条平行线直线 l_1 和 l_2 的一般式方程为 $l_1: Ax+By+C_1=0$, $l_2: Ax+By+C_2=0$, 则 l_1 与 l_2 的距离为

$$d=\frac{|C_1-C_2|}{\sqrt{A^2+B^2}}$$

【互学】

三、合作：自主学习，小组合作

(一) 公式的应用

例 1 (1) 两直线 $3x+y-3=0$ 与 $6x+my+1=0$ 平行，则它们之间的距离为（   ）．

A. 4　　　　B. $\frac{2\sqrt{13}}{13}$　　　　C. $\frac{5\sqrt{13}}{26}$　　　　D. $\frac{7\sqrt{10}}{20}$

(2) 在坐标平面内，与点 $A(1, 2)$ 距离为 1，且与点 $B(3, 1)$ 距离为 2 的直线共有（   ）．

A. 1 条　　　　B. 2 条　　　　C. 3 条　　　　D. 4 条

(二) 点到直线的距离

例 2 点 $(2, 1)$ 到 x 轴的距离为_____，到 y 轴的距离为_____，到直线 $y=x$ 的距离为_____．

(三) 点到直线的距离公式的应用

例 3 已知 $x+y-3=0$，则 $\sqrt{(x-2)^2+(y+1)^2}$ 的最小值为_____．

四、巩固：当堂检测，突破自我

1. 点 $P(-5, 7)$ 到直线 $12x+5y-3=0$ 的距离是_____．

2. 两条平行线 $3x-2y-1=0$ 和 $3x-2y+1=0$ 的距离是_____．

3. 求过点 $M(-1, 2)$，且与点 $A(2, 3)$，$B(-4, 5)$ 距离相等的直线 l 的方程．

五、小结：画龙点睛，提纲挈领

记住点到直线的距离公式，并会使用公式解决距离问题，掌握公式的正用、逆用的常用方法.

1. 知识清单

(1) 公式的推导.

(2) 根据点到直线的距离公式及两平行线间的距离公式求距离.

(3) 公式的正用、逆用、变形用.

2. 方法归纳

构造法.

3. 常见误区

公式中参数的问题.

【评学】

六、互评：多元评价，促进成长

教师综合评价表				
评价项目		评价标准	分值	得分
考勤(10%)		无无故迟到、早退、旷课现象	10	
学习过程 (60%)	课前准备	课前预习工作完善，准备充分	10	
	课堂参与	能够积极参与课堂活动的开展、展示	10	
	学习态度	态度端正，无故意扰乱课堂现象	10	
	合作能力	与小组成员关系协调、合作良好	10	
	职业素养	在学习过程中能体现本专业职业素养	10	
	创新意识	在课堂上有创新意识，提出不同见解	10	
学习成果 (30%)	学习完整	能按时完成各环节学习任务	10	
	作业情况	能保证课堂、课后作业正确率	10	
	成果展示	能准确表达、及时复述学习收获	10	
合计			100	

作业：课后巩固，夯实成果

一、选择题

1. 若点 $(1, a)$ 到直线 $x-y+1=0$ 的距离是 $\dfrac{3\sqrt{2}}{2}$，则实数 a 为（　　）.

A. -1　　　　B. 5　　　　C. -1 或 5　　　　D. -3 或 3

2. 已知直线 $3x+2y-3=0$ 和 $6x+my+1=0$ 互相平行，则它们之间的距离是(　　).

A. 4　　　　B. $\dfrac{2\sqrt{13}}{13}$　　　　C. $\dfrac{5}{26}\sqrt{13}$　　　　D. $\dfrac{7}{26}\sqrt{13}$

3. *（多选）到直线 $3x-4y-11=0$ 的距离为 2 的直线方程为(　　).

A. $3x-4y-1=0$　　　　　　　　B. $3x-4y+21=0$

C. $3x-4y+1=0$　　　　　　　　D. $3x-4y-21=0$

二、填空题

4. 分别过点 $A(-2,1)$ 和点 $B(3,-5)$ 的两条直线均垂直于 x 轴，则这两条直线的距离为_____.

5*. 两平行线分别经过点 $A(5,0)$，$B(0,12)$，它们之间的距离 d 满足的条件是_____.

三、解答题

6. 已知直线 l_1：$mx+8y+n=0$ 与 l_2：$2x+my-1=0$ 互相平行，且直线 l_1，l_2 间的距离为 $\sqrt{5}$，求直线 l_1 的方程.

7*. 已知点 $A(a,6)$ 到直线 $3x-4y=2$ 的距离 d 取下列各值，求 a 的值：
(1) $d=4$；(2) $d>4$.

6.4　圆

6.4.1　圆的标准方程

【学习目标】

知识目标：

(1) 掌握圆的标准方程，能根据圆心坐标、半径写出圆的标准方程；会根据圆的标准方程，求出圆心坐标和半径.

(2) 判断点和圆的位置关系.

(3)利用圆的标准方程解决一些简单的实际问题.

技能目标：

进一步培养学生能用解析法研究几何问题的能力，渗透数形结合思想，通过圆的标准方程解决实际问题的学习，注意培养学生观察问题、发现问题和解决问题的能力.

素养目标：

通过利用已学知识学会分析、解决问题，品尝成功的喜悦，增强学生学习数学的兴趣，并激发学生学习数学的自信心.

【学习重点】

掌握圆的标准方程，能根据所给条件求出圆的标准方程，会求圆的圆心坐标和半径及判断点与圆的位置关系.

【学习难点】

利用圆的标准方程解决一些简单的实际问题.

【导学】

一、导入：创设情景，导入课题

(1)两点间的距离公式：设点 A 的坐标为 (x_1, y_1)，点 B 的坐标为 (x_2, y_2)，则 A，B 两点间的距离为

$$|AB| = \sqrt{(x_2-x_1)^2 + (y_2-y_1)^2}$$

(2)什么是圆？回忆一下，初中时我们是怎么给圆下定义的？

结论：平面内到定点的距离等于定长的点的集合叫作圆，其中定点为圆心，定长为半径.

(3)在平面直角坐标系中，确定直线的基本要素是什么？确定圆的基本要素是什么？

结论：(1)确定直线的基本要素：两点或一点和倾斜角.

(2)确定圆的基本要素：圆心和半径.

二、精讲：突出重点，突破难点

思考： 在平面直角坐标系中，任何一条直线都可用一个二元一次方程来表示，那么，圆是否也可用一个方程来表示呢？如果能，这个方程又有什么特征呢？

探究 1：圆的标准方程

圆心是 $C(a, b)$，半径是 r 的圆的方程是什么？

设点 $M(x, y)$ 为圆 C 上任意一点，则 $|MC| = r$.

圆上所有点的集合为 $P=\{M\mid |MC|=r\}$

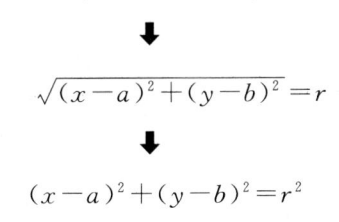

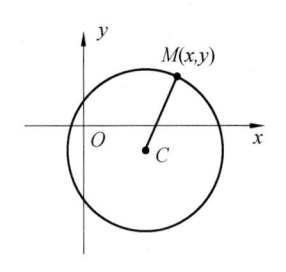

$\Downarrow$

$\sqrt{(x-a)^2+(y-b)^2}=r$

$\Downarrow$

$(x-a)^2+(y-b)^2=r^2$

圆的标准方程：把 $(x-a)^2+(y-b)^2=r^2$ 称为以点 $C(a,b)$ 为圆心，半径长为 r 的圆的标准方程．特别地，若圆心为点 $O(0,0)$，则圆的方程为 $x^2+y^2=r^2$．

方程特征：

(1) 二元二次方程，x，y 的系数均为 1．

(2) 三个独立条件 a，b，r 确定一个圆的方程．

(3) 圆心坐标为 (a,b)，半径为 r．

练习 1

说出下列方程所表示的圆的圆心坐标和半径长：

(1) $(x-3)^2+(y+2)^2=4$；

(2) $(x+4)^2+(y-2)^2=5$；

(3) $x^2+(y+2)^2=9$；

(4) $4x^2+4y^2=16$．

问题：在圆的标准方程中，有没有什么限定条件呢？

限定条件：

当 $r>0$ 时，方程表示的图形是一个圆；

当 $r=0$ 时，方程表示的图形是一个点；

当 $r<0$ 时，方程不表示任何图形．

探究 2：点与圆的位置关系

在平面几何中，如何确定点与圆的位置关系？

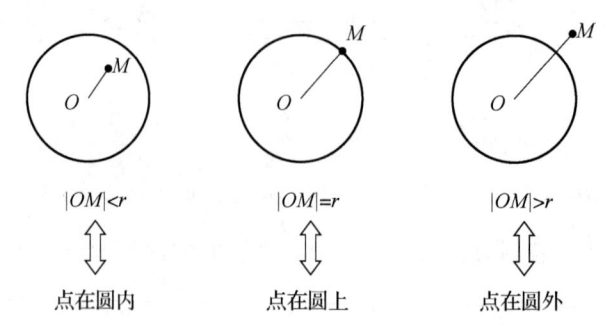

$\|OM\|<r$	$\|OM\|=r$	$\|OM\|>r$
⇕	⇕	⇕
点在圆内	点在圆上	点在圆外

思考：点 $M_0(x_0, y_0)$ 在圆 $(x-a)^2+(y-b)^2=r^2$ 上、内、外的条件是什么？

结论：

$(x_0-a)^2+(y_0-b)^2=r^2 \Longleftrightarrow$ 点 M_0 在圆上；

$(x_0-a)^2+(y_0-b)^2<r^2 \Longleftrightarrow$ 点 M_0 在圆内；

$(x_0-a)^2+(y_0-b)^2>r^2 \Longleftrightarrow$ 点 M_0 在圆外.

【互学】

三、合作：自主学习，小组合作

例 1 求以点 $C(-2, 0)$ 为圆心，$r=3$ 为半径的圆的标准方程.

例 2 求圆心坐标为 $(-2, 1)$，且过点 $(0, 3)$ 的圆的标准方程.

例 3 判断点 $M(6, 9)$，$N(3, 3)$，$Q(5, 3)$ 与圆：$(x-5)^2+(y-6)^2=10$ 的位置关系.

四、巩固：当堂检测，突破自我

1. 根据下列条件求出圆的标准方程.

(1) 圆心为点 $C(-1, 2)$，半径 $r=2$；

(2) 圆心为点 $C(0, 3)$，半径 $r=5$.

2. 求以点 $A(-1，2)$，$B(5，-6)$ 为直径两端点的圆的方程.

3. 已知点 $A(1，2)$ 在圆 C：$(x-a)^2+(y+a)^2=2a^2$ 的内部，求实数 a 的取值范围.

五、小结：画龙点睛，提纲挈领

圆的标准方程的求法：

(1)直接代入法：已知圆心坐标和半径的大小，直接代入圆的标准方程.

(2)待定系数法：圆的标准方程中含有三个参变量，必须具备三个独立的条件才能确定出圆的方程.

【评学】

六、互评：多元评价，促进成长

学生自评表			
评价项目	评价标准	分值	得分
考勤	无无故迟到、早退、旷课现象	10	
课前准备	课前预习工作完善，准备充分	10	
课堂参与	能够积极参与课堂活动的开展、展示	10	
学习态度	态度端正，无故意扰乱课堂现象	10	
合作能力	与小组成员关系协调、合作良好	10	
创新意识	在课堂上有创新意识，提出不同见解	10	
学习效能	学有所得，能按时按质完成课后作业	10	
数学素养	获得一定的数学抽象、逻辑推理、数学建模、数学运算、直观想象、数据分析能力	10	
职业素养	在学习过程中能体现本专业职业素养	10	
道德品质	通过学习获得一定的道德品质提升	10	
合计		100	

作业：课后巩固，夯实成果

一、选择题

1. 若一个圆的标准方程为 $x^2+(y-1)^2=4$，则此圆的圆心坐标与半径分别是（　　）．

   A.$(-1,0)$；4　　B.$(1,0)$；2　　C.$(0,-1)$；4　　D.$(0,1)$；2

2. 点 $P(1,3)$ 与圆 $x^2+y^2=24$ 的位置关系是（　　）．

   A. 在圆外　　B. 在圆内　　C. 在圆上　　D. 不确定

3. 圆心坐标为 $(-3,1)$，半径为 $\sqrt{5}$ 的圆的方程为（　　）．

   A. $(x-3)^2+(y-1)^2=5$　　B. $(x+3)^2+(y-1)^2=5$

   C. $(x+3)^2+(y-1)^2=25$　　D. $(x+3)^2+(y-1)^2=\sqrt{5}$

4*. （多选）已知以 $A(1,1)$，$B(3,-5)$ 两点的线段为直径的圆，则下列结论中正确的是（　　）．

   A. 圆心的坐标为 $(2,2)$　　B. 圆心的坐标为 $(2,-2)$

   C. 圆心的坐标为 $(-2,2)$　　D. 圆的方程是 $(x+2)^2+(y-2)^2=10$

   E. 圆的方程是 $(x-2)^2+(y+2)^2=10$

二、填空题

5. 若直线 $x+y+a=0$ 过圆 $(x-1)^2+(y+2)^2=2$ 的圆心，则实数 a 的值为_____．

6*. 已知圆 C 经过点 $(4,0)$，$(1,3)$，且圆心在 x 轴上，则圆 C 的标准方程为_____．

三、解答题

7. 求满足下列条件的圆的标准方程：

   (1) 圆心为点 $(-2,1)$，半径为 $\sqrt{3}$；

   (2) 圆心为点 $(3,4)$，且过坐标原点．

8*. 已知点 $A(1,2)$ 和圆 C：$(x-a)^2+(y+a)^2=2a^2$，试分别求满足下列条件的实数 a 的取值范围.

(1)点 A 在圆的内部；

(2)点 A 在圆上；

(3)点 A 在圆的外部.

6.4.2 圆的一般方程

【学习目标】

知识目标：

通过配方等手段，把圆的一般方程化为圆的标准方程，能用待定系数法求圆的方程.

技能目标：

培养学生探索发现及分析解决问题的实际能力.

素养目标：

渗透数形结合、化归与转化等数学思想方法，提高学生的整体素质，激励学生创新，勇于探索.

【学习重点】

圆的一般方程的探究过程及其特性.

【学习难点】

根据具体条件，选用圆的一般方程解决实际问题.

【导学】

一、导入：创设情景，导入课题

(1)圆的标准方程的形式是怎样的？其中圆心坐标和半径各是多少？

圆的标准方程：
$$(x-a)^2+(y-b)^2=r^2(r>0)$$

圆心坐标为 (a,b)，半径为 r.

(2)我们知道直线的方程有多种形式，那么圆的方程还有没有其他形式？

二、精讲：突出重点，突破难点

思考：把圆的标准方程 $(x-a)^2+(y-b)^2=r^2(r>0)$ 展开后会得到怎样的形式？

$$(x-a)^2+(y-b)^2=r^2(r>0)$$
$$\Downarrow$$
$$x^2+y^2-2ax-2by+a^2+b^2-r^2=0$$
$$\Downarrow$$
令 $-2a=D$，$-2b=E$，$a^2+b^2-r^2=F$，得
$$\Downarrow$$
$$x^2+y^2+Dx+Ey+F=0$$

结论：任何一个圆的方程都可以写成以下形式：
$$x^2+y^2+Dx+Ey+F=0$$

问题：是不是任何一个形如 $x^2+y^2+Dx+Ey+F=0$ 的方程都表示圆？

(1)方程 $x^2+y^2-2x+4y+1=0$ 表示什么图形？

将方程配方，得 $(x-1)^2+(y+2)^2=4$.

所以方程表示的图形是以 $(1,-2)$ 为圆心，2 为半径的圆.

(2)方程 $x^2+y^2-2x-4y+6=0$ 表示什么图形？

将方程配方，得 $(x-1)^2+(y-2)^2=-1$. 所以不表示任何图形.

结论：不是所有方程 $x^2+y^2+Dx+Ey+F=0$ 都表示圆.

探究：方程 $x^2+y^2+Dx+Ey+F=0$ 在什么条件下表示圆？

把方程 $x^2+y^2+Dx+Ey+F=0$ 配方得 $\left(x+\dfrac{D}{2}\right)^2+\left(y+\dfrac{D}{2}\right)^2=\dfrac{D^2+E^2-4F}{4}$.

(1)当 $D^2+E^2-4F>0$ 时，方程 $x^2+y^2+Dx+Ey+F=0$ 表示以 $\left(-\dfrac{D}{2},-\dfrac{E}{2}\right)$ 为圆心，以 $\dfrac{\sqrt{D^2+E^2-4F}}{2}$ 为半径的圆.

(2)当 $D^2+E^2-4F=0$ 时，方程 $x^2+y^2+Dx+Ey+F=0$ 为 $\left(x+\dfrac{D}{2}\right)^2+\left(y+\dfrac{E}{2}\right)^2=0$，只有一组实数解 $\begin{cases}x=-\dfrac{D}{2},\\ y=-\dfrac{E}{2},\end{cases}$ 它表示一个点 $\left(-\dfrac{D}{2},-\dfrac{E}{2}\right)$.

(3)当 $D^2+E^2-4F<0$ 时，方程 $x^2+y^2+Dx+Ey+F=0$ 没有实数解，不表示任何图形.

圆的一般方程：形如 $x^2+y^2+Dx+Ey+F=0(D^2+E^2-4F>0)$ 的方程，表示圆的一般方程.

练习 1

下列方程一定表示圆吗?

(1) $x^2+y^2-2x-4y+5=0$;

(2) $x^2+y^2+4x-2y+4=0$;

(3) $x^2+y^2+2x+2y+4=0$.

(1) 圆的一般方程和标准方程的关系: $a=-\dfrac{D}{2}$, $b=-\dfrac{E}{2}$, $r=\dfrac{\sqrt{D^2+E^2-4F}}{2}$.

(2) 标准方程易看出圆心坐标和半径.

(3) 一般方程突出形式上的特点 $\begin{cases} x^2 与 y^2 系数相同并且不等于 0 \\ 没有 xy 这样的二次项 \end{cases}$.

练习 2

方程 $Ax^2+Bxy+Cy^2+Dx+Ey+F=0$ 表示圆的充分必要条件是什么?

【互学】

三、合作:自主学习,小组合作

例1 判断方程 $x^2+y^2+4x-6y-3=0$ 是否为圆的方程,如果是,求出圆心坐标和半径.

例2 求过三点 $A(0,0)$, $B(1,1)$, $C(2,4)$ 的圆的方程,并求圆心坐标和圆的半径.

例 3 设 m 为实数,若方程 $x^2+y^2+4mx-2y+4m^2-m=0$ 表示圆,求 m 的取值范围.

四、巩固:当堂检测,突破自我

1. 求下列圆的圆心坐标和半径.

(1) $x^2+y^2-4x=0$;

(2) $x^2+y^2+6y=0$;

(3) $2x^2+2y^2-12x+4y=0$.

2. 求经过 $A(0,0)$,$B(-2,0)$,$C(0,2)$ 三点的圆的方程.

3. 已知方程 $x^2+y^2+2mx-2y+m^2+5m=0$ 表示圆.

(1) 求实数 m 的取值范围;

(2) 求圆心坐标和半径.

五、小结:画龙点睛,提纲挈领

根据题目条件,恰当选择圆的方程的形式:

(1) 若知道或涉及圆心坐标和半径,一般采用圆的标准方程较为简单.

(2) 若已知三点求圆的方程,采用圆的一般方程用待定系数法求解.

【评学】

六、互评：多元评价，促进成长

学生互评表											
评价项目	分值	等级						评价成员（第_____组）				
^	^	^	^	^	^	^	^	1	2	3	4	5	6
学习态度	10	优	10	良	8	中	6	差	4					
课堂纪律	10	优	10	良	8	中	6	差	4					
文明用语	10	优	10	良	8	中	6	差	4					
互帮互助	10	优	10	良	8	中	6	差	4					
学习效果	10	优	10	良	8	中	6	差	4					
创新意识	10	优	10	良	8	中	6	差	4					
参与小组活动	10	优	10	良	8	中	6	差	4					
任务单完成情况	10	优	10	良	8	中	6	差	4					
笔记情况	10	优	10	良	8	中	6	差	4					
小组贡献率	10	优	10	良	8	中	6	差	4					
合计	100													

作业：课后巩固，夯实成果

一、选择题

1. 关于 x，y 的方程 $Ax^2+Bxy+Cy^2+Dx+Ey+F=0$ 表示一个圆的充要条件是（   ）．

A. $B=0$，且 $A=C\neq 0$

B. $B=1$，且 $D^2+E^2-4AF>0$

C. $B=0$，且 $A=C\neq 0$，$D^2+E^2-4AF\geq 0$

D. $B=0$，且 $A=C\neq 0$，$D^2+E^2-4AF>0$

2. 圆 $x^2+y^2-2x+4y+1=0$ 的半径为（   ）．

A. 1　　　　B. $\sqrt{2}$　　　　C. 2　　　　D. 4

3. 已知圆 $x^2+y^2-4x+2y-4=0$，则圆心坐标、圆的半径分别是（   ）．

A. $(2,-1)$，3　　　　　　　　B. $(-2,1)$，3

C. $(-2,-1)$，3　　　　　　　D. $(2,1)$，9

4*. (多选)已知方程 $x^2+y^2+2x-m=0$，下列叙述中正确的是（   ）．

A. 方程表示的是圆

B. 当 $m=0$ 时，方程表示过原点的圆

C. 方程表示的圆的圆心在 x 轴上

D. 方程表示的圆的圆心在 y 轴上

二、填空题

5. 圆 P：$x^2+y^2+4x=0$ 的圆心到直线 l：$x+y-2=0$ 的距离是_____．

6*. 已知点 $A(-1,-3)$ 是圆 C：$x^2+y^2-8x+ay=0$ 上一点，给出下列结论：①$a=6$；②圆 C 的圆心坐标为 $(4,-3)$；③圆 C 的半径为 25；④点 $(1,1)$ 也是圆 C 上一点．其中正确结论的序号是_____．

三、解答题

7. 已知圆 C：$x^2+y^2-4x-4y+3=0$，写出圆 C 的标准方程，并指出圆心 C 的坐标和半径．

8*. 已知三角形的三个顶点的坐标分别为 $A(4,1)$，$B(-6,3)$，$C(3,0)$，求这个三角形外接圆的一般方程．

6.5　直线与圆的位置关系

【学习目标】

知识目标：

让学生从具体的事例中认知和理解直线与圆的三种位置关系并能概括其定义，会用定义来判断直线与圆的位置关系，通过类比点与圆的位置关系及观察、实验等活动，探究直线与圆的位置关系及其运用．

技能目标：

渗透类比、转化、数形结合的数学思想和方法，培养学生实验、观察、猜想、抽象、概括、推理等逻辑思维能力和识图能力.

素养目标：

创设问题情景，激发学生好奇心；通过转化数学思想的运用，让学生认识到事物之间是普遍联系、相互转化的.

【学习重点】

理解直线与圆的三种位置关系及怎么判断直线与圆的位置关系.

【学习难点】

如何运用直线与圆的位置关系解决实际问题.

【导学】

一、导入：创设情景，导入课题

(1)点到直线的距离公式：点 $P(x_0，y_0)$ 到直线 $L：Ax+By+C=0$ 的距离公式为

$$d=\frac{|Ax_0+By_0+C|}{\sqrt{A^2+B^2}}$$

(2)圆的标准方程及一般方程：

$$(x-a)^2+(y-b)^2=r^2$$

$$x^2+y^2+Dx+Ey+F=0(D^2+E^2-4F>0)$$

(3)回忆一下点与圆的位置关系：设 $\odot O$ 的半径长为 r，点 P 到圆心的距离为 d，如何用 d 与 r 之间的数量关系表示点 P 与 $\odot O$ 的位置关系？

(4)通过观察海上日出的图片，同学们在纸上画一个圆当成太阳，直尺看成地平线，自己移动直尺观察直线与圆的交点最少有几个，最多有几个，直线与圆会有哪几种位置关系.

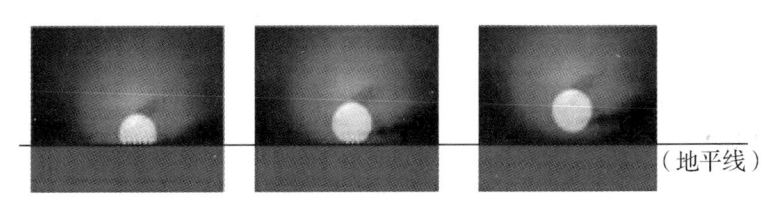

(地平线)

二、精讲：突出重点，突破难点

直线与圆的位置关系(用公共点的个数来区分)：

(1)当直线与圆没有公共点时，直线与圆相离(见图(1))；

(2)当直线与圆有唯一公共点时，直线与圆相切(见图(2))；

(3)当直线与圆有两个公共点时，直线与圆相交(见图(3)).

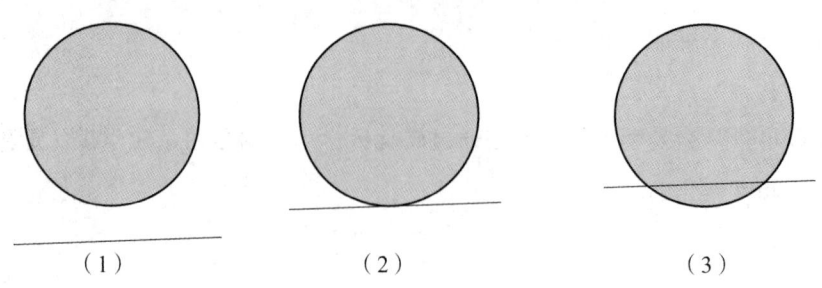

（1）　　　　　　（2）　　　　　　（3）

探究 1：直线与圆的位置关系的判定方法

仿照点和圆的位置关系的判定方法，你还有其他方法来判断直线和圆的位置关系吗？能否根据圆心到直线的距离和圆半径长的数量关系来判断？

判定一：直线与圆的位置关系可以由圆心到直线的距离 d 与半径长 r 的大小关系来判断(见图(1)～图(3))

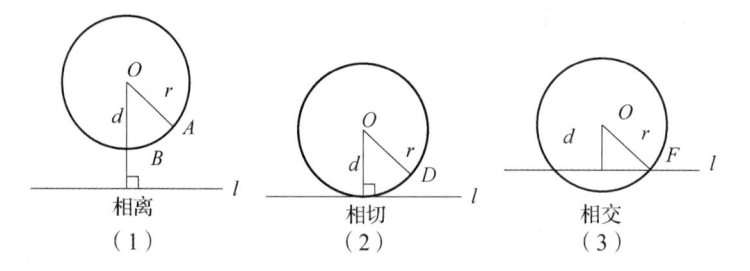

相离　　　　　　相切　　　　　　相交
（1）　　　　　　（2）　　　　　　（3）

(1)直线与圆相离 $\Longleftrightarrow d > r$；

(2)直线与圆相切 $\Longleftrightarrow d = r$；

(3)直线与圆相交 $\Longleftrightarrow d < r$.

判定二：若已知圆的方程 $x^2+y^2+Dx+Ey+F=0$ 和直线方程 $Ax+By+C=0$，联立方程组，得 $\begin{cases} x^2+y^2+Dx+Ey+F=0, \\ Ax+By+C=0. \end{cases}$ 消去一个未知数，转化为一元二次方程，则有

(1)当 $\Delta > 0$ 时，直线与圆相交；

(2)当 $\Delta = 0$ 时，直线与圆相切；

(3)当 $\Delta < 0$ 时，直线与圆相离.

练习 1

判断直线 $l：x=0$ 与圆 $x^2+y^2=1$ 的位置关系.

切线的性质定理：圆的切线垂直于过切点的半径.

探究2：在平面直角坐标系中，如果过点 P 能作出圆的切线，那么，如何求这条切线的方程呢？

结论：(1)点 P 在圆 C 上，过点 P 只能作一条直线与圆 C 相切(见图(1))；

(2)点 P 在圆 C 外，过点 P 可以作两条直线与圆 C 相切(见图(2))；

(3)点 P 在圆 C 内，过点 P 不存在与圆 C 相切的直线(见图(3)).

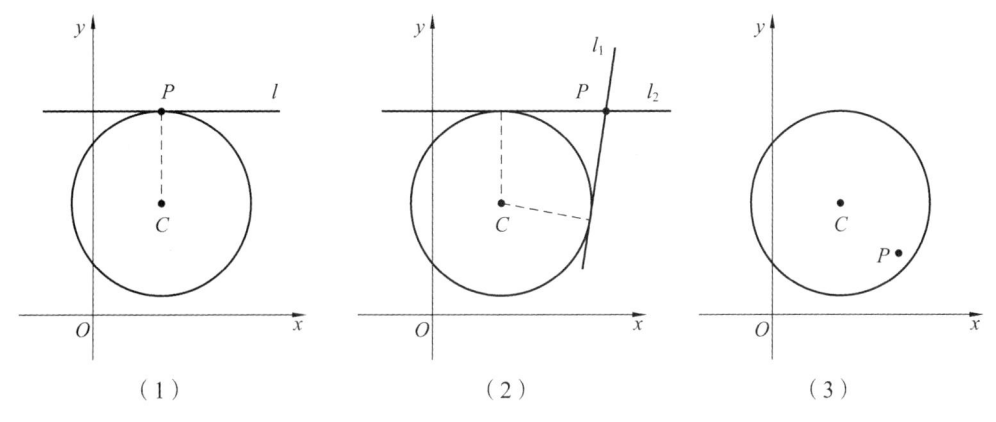

（1） （2） （3）

探究3：在平面直角坐标系中，如果直线 l 与圆 C 相交，如何求两交点之间的距离？

问题：当直线 l：$Ax+By+C=0$ 与圆 C：$(x-a)^2+(y-b)^2=r^2$ 相交于 P 和 Q 两点，线段 PQ 为圆的一条弦，求这条弦的长度.

【**解析**】如图(1)、图(2)所示，圆心 C 与弦 PQ 的中点 R 的连线垂直且平分弦 PQ，则 $|PQ|=2|PR|=2\sqrt{r^2-d^2}$.

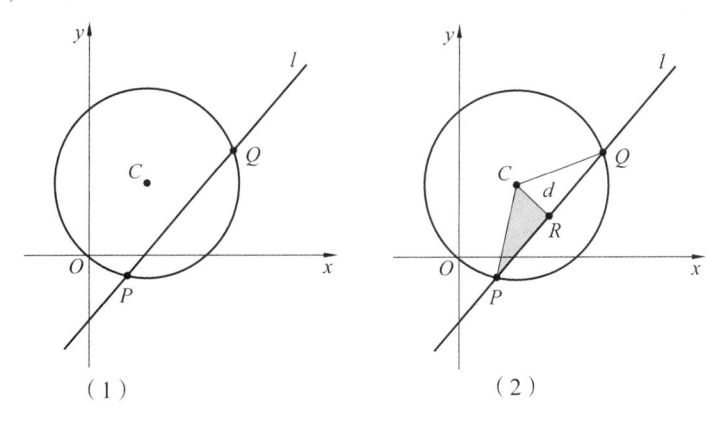

（1） （2）

结论：$|PQ|=2|PR|=2\sqrt{r^2-d^2}$.

【**互学**】

三、合作：自主学习，小组合作

例1 直线 $x-y-1=0$ 与圆 $x^2+y^2=13$ 是否相交？如果相交，求出交点坐标.

例2 求过点 $M(1,6)$ 且与圆 $x^2+y^2+2x-3=0$ 相切的切线方程.

例3 求直线 $l: 3x-y-6=0$ 被圆 $C: x^2+y^2-2x-4y=0$ 截得的弦 AB 的长.

四、巩固：当堂检测，突破自我

1. 判断下列直线与圆 $C:(x-1)^2+(y-1)^2=1$ 的位置关系，若相交，则求出交点坐标.

   (1) $x-y-2=0$；   (2) $x+2y-1=0$.

2. 设 b 为实数，若圆 $x^2+y^2+4x+2by+b^2=0$ 与 x 轴相切，求 b 的值.

3. 已知圆 G 过三点 $A(1,3)$，$B(4,2)$，$C(1,-7)$.

   (1) 求圆 G 的方程；

   (2) 设直线 l 经过点 $M(6,1)$，且与圆 G 相切，求直线 l 的方程.

4. 求直线 $l：3x+y-6=0$ 被圆 $C：x^2+y^2-2y-4=0$ 截得的弦长.

五、小结：画龙点睛，提纲挈领

(1)直线与圆位置关系的判定：

①几何法：根据圆心到直线的距离与圆半径的大小判断关系.

②代数法：根据直线与圆的方程联立方程组的公共解个数判断.

(2)在求过一点的圆的切线方程时，首先判断这点与圆的位置关系.

(3)求圆弦长的办法：用弦心距、半径及半弦构成直角三角形的三边.

【评学】

六、互评：多元评价，促进成长

教师综合评价表				
评价项目		评价标准	分值	得分
考勤(10%)		无无故迟到、早退、旷课现象	10	
学习过程 (60%)	课前准备	课前预习工作完善，准备充分	10	
	课堂参与	能够积极参与课堂活动的开展、展示	10	
	学习态度	态度端正，无故意扰乱课堂现象	10	
	合作能力	与小组成员关系协调、合作良好	10	
	职业素养	在学习过程中能体现本专业职业素养	10	
	创新意识	在课堂上有创新意识，提出不同见解	10	
学习成果 (30%)	学习完整	能按时完成各环节学习任务	10	
	作业情况	能保证课堂、课后作业正确率	10	
	成果展示	能准确表达、及时复述学习收获	10	
合计			100	

作业：课后巩固，夯实成果

一、选择题

1. 以点 $(3，-2)$ 为圆心，且与直线 $3x-y-1=0$ 相切的圆的方程是(　　).

A. $(x-3)^2+(y+2)^2=1$ B. $(x+3)^2+(y-2)^2=1$

C. $(x+3)^2+(y-2)^2=10$ D. $(x-3)^2+(y+2)^2=10$

2. 直线 $3x+4y-5=0$ 与圆 $x^2+y^2=1$ 的位置关系是(　　).

A. 相交　　　B. 相切　　　C. 相离　　　D. 无法判断

3. 已知直线 $l：x-y+2=0$ 与圆 $C：x^2+y^2-2y-2m=0$ 相离，则实数 m 的取值范围是(　　).

A. $(-\infty,0)$ B. $\left(-\dfrac{1}{2},+\infty\right)$

C. $\left(-\infty,-\dfrac{1}{4}\right)$ D. $\left(-\dfrac{1}{2},-\dfrac{1}{4}\right)$

4*. (多选)过点 $(1,4)$ 且与圆 $(x+1)^2+y^2=4$ 相切的直线的方程为(　　).

A. $x-1=0$ B. $y-4=0$

C. $3x-4y+13=0$ D. $4x-3y+8=0$

二、填空题

5. 以点 $(2,-1)$ 为圆心且与直线 $3x+4y-7=0$ 相切的圆的标准方程是_____.

6*. 已知圆 $C：x^2+y^2+2x=0$，若直线 $y=kx$ 被圆 C 截得的弦长为 1，则 $k=$ _____.

三、解答题

7. 已知圆 C 经过坐标原点 O 和点 $(4,0)$，且圆心在 x 轴上.

(1) 求圆 C 的方程；

(2) 已知直线 $l：3x+4y-11=0$ 与圆 C 相交于 A，B 两点，求所得弦长 $|AB|$ 的值.

8*. 已知圆 C 经过 $A(3,0)$ 和 $B(2,1)$ 两点，且圆心在直线 $2x+y-4=0$ 上.

(1) 求圆 C 的方程；

(2) 过点 $(3,2)$ 向圆 C 作切线，求切线方程.

6.6 直线与圆的方程应用举例

【学习目标】

知识目标：

学会解决与直线、圆有关的实际应用及利用坐标法处理平面几何问题；通过交流、探讨，自主归纳出用坐标法解题的一般步骤.

技能目标：

在探究直线与圆的方程应用的活动中，培养学生运用数形结合与方程的思想解决问题的意识，提升学生分析、解决问题的能力和反思、归纳的能力.

素养目标：

通过引入实际应用问题，使学生感受数学就在我们身边，激发学生的学习兴趣.

【学习重点】

直线和圆的应用问题以及用坐标法处理平面几何问题.

【学习难点】

如何将实际问题转化成数学问题，如何应用直线方程与圆的方程.

【导学】

一、导入：创设情景，导入课题

(1)两点间的距离公式.

(2)直线方程的四种形式及直线方程的斜率公式.

(3)圆的方程的两种形式.

二、精讲：突出重点，突破难点

光的反射定律(见图(1))：

(1)反射光线、入射光线和法线都在同一平面内.

(2)反射光线、入射光线分别位于法线两侧.

(3)反射角等于入射角.

问题探究一： 如图(2)所示，从点 $M(2,2)$ 射出一条光线，经过 x 轴反射后过点 $N(-8,3)$，求反射点 P 的坐标.

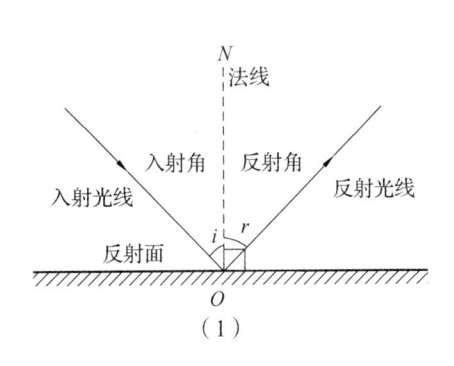

【解析】反射点 P 在 x 轴上，设 $P(x,0)$.

由于入射角等于反射角，即 $\angle NPQ = \angle MPQ$，

设直线 PM 的倾斜角为 θ，则直线 NP 的倾斜角为 $180°-\theta$. 所以 $k_{PM}=\tan\theta$，$k_{NP}=\tan(\pi-\theta)=-\tan\theta=-k_{PM}$.

即 $\dfrac{2-0}{2-x}=-\dfrac{3-0}{-8-x}$，解得 $x=-2$.

故反射点 P 的坐标为 $(-2,0)$.

结论：经 x 轴反射，入射光线的斜率和反射光线的斜率都存在，那么两个斜率互为相反数.

问题探究二：某施工单位砌圆拱时，需要制作如图所示的木模，设圆拱高为 $1\,\text{m}$，跨度为 $6\,\text{m}$，中间需要等距离地安装 5 根支撑柱子，求过点 E 的柱子的长度.（精确到 $0.1\,\text{m}$）

【解析】以点 D 为原点建立直角坐标系，如图所示，则点 $E(1,0)$，圆心 M 在 y 轴上.

设半径为 r，有 $|MD|^2+|DG|^2=|MG|^2$，

即 $(r-1)^2+3^2=r^2$，解得 $r=5$.

所以圆心 M 的坐标为 $(0,-4)$.

所以圆的方程为 $x^2+(y+4)^2=25$.

把 $x=1$ 代入此方程，得 $y=\sqrt{24}-4\approx 0.9(\text{m})$.

故过点 E 的柱子长度约为 $0.9\,\text{m}$.

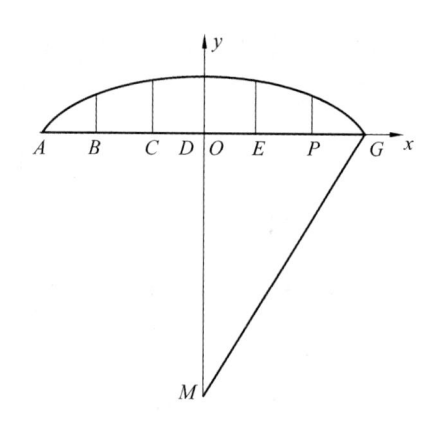

【互学】

三、合作：自主学习，小组合作

例 1 圆拱桥的一孔圆拱如图所示，该圆拱是一段圆弧，其跨度 $AB=20\,\text{m}$，拱高 $OP=4\,\text{m}$，在建造时每隔 $4\,\text{m}$ 需用一根支柱支撑.

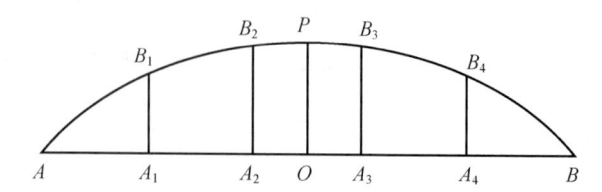

(1)建立适当的坐标系，写出圆弧的方程；
(2)求支柱 A_2B_2 的长度(精确到 0.01 m).

例2 如图所示，已知一艘海监船 O 上配有雷达，其监测范围是半径为 25 km 的圆形区域，一艘外籍轮船从位于海监船正东 40 km 的 A 处出发，径直驶向位于海监船正北 30 km 的 B 处岛屿，速度是 28 km/h，问：这艘外籍轮船能否被海监船监测到？若能，持续时间为多长？

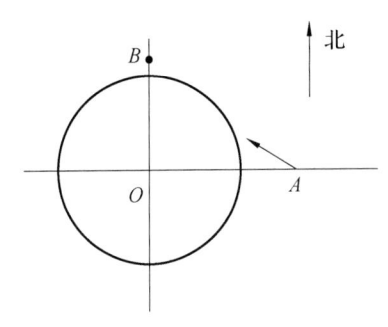

四、巩固：当堂检测，突破自我

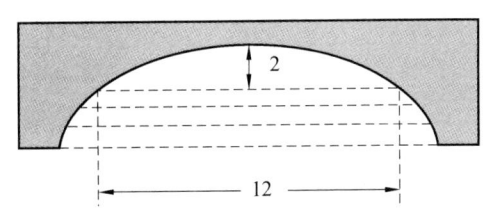

1. 如图所示，一座圆弧形拱桥，当水面在如图所示的位置时，拱顶离水面 2 m，水面宽 12 m，当水面下降 1 m 后，求水面的宽度.

2. 某风暴中心位于某海礁 A 处，距离风暴中心 A 正西方向 150 km 的 B 处有一艘轮船，正以北偏东 θ (θ 为锐角)角方向航行，速度 30 km/h. 已知距离风暴中心 $75\sqrt{3}$ km 以内的水域受其影响.

(1)若轮船不被风暴影响，求角 θ 的正切值的最大值；

(2)若轮船航行方向为北偏东 45°，求轮船被风暴影响持续多少时间.

五、小结：画龙点睛，提纲挈领

解决直线与圆的实际应用题的步骤如下：

(1)审题：从题目中抽象出几何模型，明确已知和未知.

(2)建系：建立适当的直角坐标系，用坐标和方程表示几何模型中的基本元素.

(3)求解：利用直线与圆的有关知识求出未知数.

(4)还原：将运算结果还原到实际问题中去.

【评学】

六、互评：多元评价，促进成长

学生自评表			
评价项目	评价标准	分值	得分
考勤	无无故迟到、早退、旷课现象	10	
课前准备	课前预习工作完善，准备充分	10	
课堂参与	能够积极参与课堂活动的开展、展示	10	
学习态度	态度端正，无故意扰乱课堂现象	10	
合作能力	与小组成员关系协调、合作良好	10	
创新意识	在课堂上有创新意识，提出不同见解	10	
学习效能	学有所得，能按时按质完成课后作业	10	
数学素养	获得一定的数学抽象、逻辑推理、数学建模、数学运算、直观想象、数据分析能力	10	
职业素养	在学习过程中能体现本专业职业素养	10	
道德品质	通过学习获得一定的道德品质提升	10	
合计		100	

作业：课后巩固，夯实成果

一、选择题

1. 一辆货车宽 1.6 m，要经过一个半径为 3.6 m 的半圆形单行隧道，则这辆货车的平顶车篷的篷顶距离地面高度最高约为(　　).

   A. 2.4 m　　　B. 3.5 m　　　C. 3.6 m　　　D. 2.0 m

2. 已知直线 $l：y=-3x+6$ 与圆 $C：x^2+y^2-2y-3=0$ 相交于 A，B 两点，过点 A，B 及点 $(3,0)$ 的圆的方程为(　　).

   A. $x^2+y^2-6x-4y+9=0$　　　　B. $x^2+y^2+6x-4y-27=0$

   C. $x^2+y^2-6y-9=0$　　　　　　D. $x^2+y^2-3x-4y=0$

3. 苏州有很多圆拱的悬索拱桥(如寒山桥)，经测得某圆拱索桥(见图)的跨度 $|AB|=100$ m，拱高 $|OP|=10$ m，在建造圆拱桥时每隔 5 m 需用一根支柱支撑，则与 OP 相距 30 m 的支柱 MN 的高度是(　　)(注意：$\sqrt{10}\approx 3.162$).

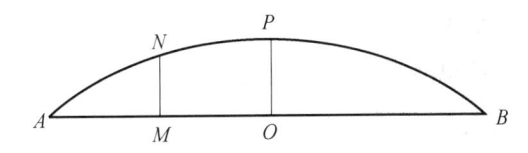

   A. 6.48 m　　　B. 5.48 m　　　C. 4.48 m　　　D. 3.48 m

4*. (多选)已知直线 $l：x+y-4=0$，圆 $O：x^2+y^2=2$，M 是直线 l 上一点，MA，MB 分别是圆 O 的切线，则(　　).

   A. 直线 l 与圆 O 相切

   B. 圆 O 上的点到直线 l 的距离的最小值为 $\sqrt{2}$

   C. 存在点 M，使 $\angle AMB=90°$

   D. 存在点 M，使 AMB 为等边三角形

二、填空题

5. 以点 $(1,2)$ 为圆心，与直线 $5x-12y-7=0$ 有且只有一个公共点的圆的方程为_____.

6*. 某圆拱桥的水面跨度是 20 m，拱高为 4 m. 现有一船宽 9 m，在水面以上部分高 3 m，通行无阻. 近日水位暴涨了 1.5 m，为此，必须加重船载，降低船身，当船身至少降低_____ m 时，船才能安全通过桥洞. (结果精确到 0.01 m)

三、解答题

7. 某公园有一圆柱形景观建筑物，底面直径为 $4\sqrt{5}$ m，在其南面有一条东西走向的

观景直道，建筑物的东西两侧有与直道平行的两段辅道，观景直道与辅道距离 6 m. 在建筑物底面中心 O 的东北方向 $10\sqrt{2}$ m 的点 A 处，有一台 360° 全景摄像头，其安装高度低于建筑物的高度. 请建立恰当的平面直角坐标系，并解决下列问题：在西辅道上与建筑物底面中心 O 距离 5 m 处的游客，是否在该摄像头的监控范围内？

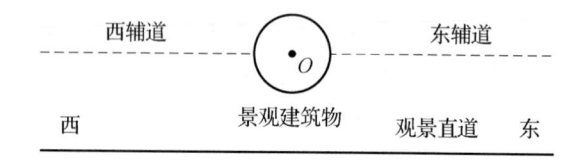

8*. 在一个平面上，机器人从与点 $C(5，-3)$ 的距离为 9 的地方绕点 C 顺时针而行，在行进过程中保持与点 C 的距离不变. 它在行进过程中到过点 $A(-10，0)$ 与点 $B(0，12)$ 的直线的最近距离和最远距离分别是多少？

第六章　直线与圆的方程单元检测卷(A)

一、单选题

1. 已知点 $A(2,4)$，$B(5,4)$，那么 A，B 两点间的距离为(　　).
   A. 8　　　　B. 6　　　　C. 3　　　　D. 0

2. 若三点 $A(2,-3)$，$B(4,3)$，$C(5,b)$ 在同一直线上，则实数 b 为(　　).
   A. -12　　　B. -6　　　C. 6　　　　D. 12

3. 直线 $l: x+\sqrt{3}y+3=0$ 的倾斜角 θ 为(　　).
   A. $\dfrac{\pi}{6}$　　B. $\dfrac{\pi}{3}$　　C. $\dfrac{2\pi}{3}$　　D. $\dfrac{5\pi}{6}$

4. 经过点 $(0,-1)$ 且斜率为 $-\dfrac{2}{3}$ 的直线方程为(　　).
   A. $2x+3y+3=0$　　　　　　B. $2x+3y-3=0$
   C. $2x+3y+2=0$　　　　　　D. $3x-2y-2=0$

5. 已知直线 l 过点 $A(-2,1)$，且与直线 $x-y-1=0$ 平行，则直线 l 的方程是(　　).
   A. $x+y+3=0$　　B. $x-y+3=0$　　C. $x-y-3=0$　　D. $x+y-3=0$

6. 已知点 $P(-2,1)$ 到直线 $l: 3x-4y+m=0$ 的距离为 1，则 m 的值为(　　).
   A. -5 或 -15　　B. -5 或 15　　C. 5 或 -15　　D. 5 或 15

7. 下列方程中表示圆的是(　　).
   A. $x^2+y^2=0$　　　　　　B. $x^2+y^2-2x+1=0$
   C. $\dfrac{x^2}{\sqrt{2}}+\dfrac{y^2}{\sqrt{2}}=1$　　　　D. $x^2-y^2-2x+1=0$

8. 直线 $3x+y-a=0$ 截圆 $x^2+y^2+2x-4y-5=0$ 所得的弦长为 $2\sqrt{10}$，则实数 a 的值为(　　).
   A. -1　　　B. 1　　　C. -3　　　D. 3

二、多选题

9. 若直线 $ax+y-a+1=0$ 与直线 $(a-2)x-3y+a=0$ 垂直，则实数 a 的值可能为(　　).
   A. -1　　　B. 1　　　C. -3　　　D. 3

10. 下列说法中正确的有(　　).
    A. 已知直线 $l_1: x+ay-a=0$，则直线 l_1 始终过定点 $(0,1)$
    B. 直线 $y=kx-2$ 在 y 轴上的截距是 -2

C. 直线 $y=\sqrt{3}x+1$ 的倾斜角为 $30°$

D. 过点 $(5,4)$ 并且倾斜角为 $90°$ 的直线方程为 $x-5=0$

11. 对于直线 l_2：$3x+(a-1)y+3-a=0$ 和直线 l_1：$ax+2y+3a=0$，以下说法中正确的有（　　）．

A. 直线 l_2 一定过定点 $\left(-\dfrac{2}{3},1\right)$

B. 若直线 $l_1 \perp l_2$，则 $a=\dfrac{2}{5}$

C. 直线 $l_1 /\!/ l_2$ 的充要条件是 $a=3$

D. 点 $P(1,3)$ 到直线 l_1 的距离的最大值为 5

12. 经过点 $B(3,4)$，且与两坐标轴围成一个等腰直角三角形的直线方程为（　　）．

A. $x-y+1=0$ 　　　　　　　　B. $x+y-7=0$

C. $2x-y-2=0$ 　　　　　　　D. $2x+y-10=0$

三、填空题

13. 倾斜角为 $\dfrac{\pi}{2}$，且过点 $P(-2,3)$ 的直线的方程是_____．

14. 直线 $x+1=0$ 与直线 $x+y-5=0$ 的夹角为_____．

15. 若直线 $2x+6y-1=0$ 与直线 $mx-2y+7=0$ 垂直，则 $m=$ _____．

16. 过圆 C：$(x+1)^2+y^2=1$ 的圆心且与直线 $x-y=0$ 平行的直线的方程是_____．

四、解答题

17. 当 C 为何值时，直线 $x-y-C=0$ 与圆 $x^2+y^2=4$ 有两个公共点？一个公共点？无公共点？

18. 已知直线 l_1：$3x+(m-4)y+11=0$ 与 l_2：$x+my-7=0$ 垂直．

(1) 求 m 的值；

(2) 求直线 l_2 与直线 l_3：$x+my-m=0$ 之间的距离．

19. 求倾斜角为直线 $y=-x+1$ 的倾斜角的 $\dfrac{1}{3}$，且分别满足下列条件的直线一般方程：

(1)经过点$(-4,1)$；

(2)在 y 轴上的截距为-10.

20. 已知圆心为点 $C(4,3)$ 的圆经过原点 O.

(1)求圆 C 的方程；

(2)设直线 $3x-4y+15=0$ 与圆 C 交于 A，B 两点，求△ABC 的面积.

21. 求满足下列条件的各圆的方程：

(1)圆心在原点，半径是 3；

(2)已知圆 C 经过 $A(5,1)$，$B(1,3)$ 两点，圆心在 x 轴上；

(3)经过点 $P(5,1)$，圆心在点 $C(8,-3)$.

22. 已知直线 l：$2x+3y-6=0$.

(1)求过点 $P(2,3)$，且与直线 l 平行的直线 m 的方程；

(2)直线 l 与圆 C：$x^2+y^2-2x-4y+4=0$ 相交于 A，B 两点，求线段 AB 的长.

第六章 直线与圆的方程单元检测卷(B)

一、单选题

1. 直线 $l_1: ax+y-1=0$ 与直线 $l_2: x-ay-1=0$ 的位置关系是( ).

   A. 垂直　　　　B. 相交且不垂直　　　　C. 平行　　　　D. 平行或重合

2. 经过 $A(-1, -2\sqrt{3})$, $B(2, \sqrt{3})$ 两点的直线的倾斜角为( ).

   A. 30°　　　　B. 60°　　　　C. 120°　　　　D. 150°

3. 方程 $x^2+y^2+ax+2ay+2a^2+a-1=0$ 表示圆,则该圆半径 r 的取值范围是( ).

   A. $r \leqslant \dfrac{2\sqrt{3}}{3}$　　　B. $0<r \leqslant \dfrac{2\sqrt{3}}{3}$　　　C. $0<r<\dfrac{2}{3}$　　　D. $0<r \leqslant \dfrac{2}{3}$

4. 已知两点 $A(a, 2)$, $B(3, 1)$,且直线 AB 的倾斜角为 $90°$,则 a 的值为( ).

   A. 0　　　　B. 1　　　　C. 2　　　　D. 3

5. 设 a, b 为实数,若直线 $ax+by=1$ 与圆 $x^2+y^2=1$ 相切,则点 $P(a, b)$ 与圆的位置关系是( ).

   A. 在圆上　　　B. 在圆外　　　C. 在圆内　　　D. 不能确定

6. 如果圆 $x^2+y^2+Dx+Ey+F=0(D^2+E^2-4F>0)$ 与 x 轴相切于原点,则( ).

   A. $F=0$, $D\neq 0$, $E\neq 0$　　　　　B. $E=F=0$, $D\neq 0$

   C. $D=F=0$, $E\neq 0$　　　　　　D. $D=E=0$, $F\neq 0$

7. 已知直线 $l_1: (3a+2)x+(a-1)y-2=0$ 和 $l_2: (a-1)x+y+1=0$ 互相垂直,则 a 的值为( ).

   A. 1　　　　B. -1　　　　C. $\dfrac{5\pm\sqrt{29}}{2}$　　　　D. 1 或 -1

8. 方程 $x^4-y^4-4x^2+4y^2=0$ 所表示的图形是( ).

   A. 两条相交直线　　　　　　　B. 两条相交直线和两条平行直线

   C. 两条平行直线和一个圆　　　D. 两条相交直线和一个圆

二、多选题

9. 过点 $P(2, 3)$,并且在两坐标轴上的截距相等的直线方程为( ).

   A. $x+y-5=0$　　　　　　　B. $x-y+1=0$

   C. $3x-2y=0$　　　　　　　D. $2x-3y+5=0$

10. 已知圆 $C: x^2+y^2-4x+2y+1=0$,直线 $l: x+ay-1=0(a\in \mathbf{R})$,则下列说法

中正确的是( ).

A. 圆 C 的圆心坐标为 $(-2, 1)$ B. 圆 C 与 y 轴相切

C. 直线 l 过定点 $(0, 1)$ D. 直线 l 与圆 C 相交

11. 已知直线 $ax+y-1=0$ 与圆 C：$(x-1)^2+(y+a)^2=1$ 相交于 A，B 两点，且 $\triangle ABC$ 为等腰直角三角形，则实数 a 的值为( ).

A. 1   B. -1 C. $\dfrac{1}{7}$ D. $-\dfrac{1}{7}$

12. 已知圆 M：$x^2+y^2-4x+3=0$，则下列说法中正确的是( ).

A. 点 $(4, 0)$ 在圆内

B. 圆 M 关于 $x+3y-2=0$ 对称

C. 直线 $x-\sqrt{3}y=0$ 与圆 M 相切

D. 若圆 M 与圆 $x^2+y^2-4x-6y+a=0$ 恰有三条公切线，则 $a=9$

三、填空题

13. 直线过点 $(-1, 4)$，倾斜角为 $\dfrac{\pi}{3}$，则直线的点斜式方程为_____．

14. 已知直线 $x-my+2=0$ 被圆 $x^2+y^2=1$ 所截得的弦长为 $\sqrt{2}$，则实数 $m=$ _____．

15. 圆 C：$x^2+y^2-2x+4y+4=0$ 上的点到直线 l：$12x-5y+4=0$ 的最小距离为_____．

16. 若直线 l：$(a+1)x-y-3=0$ 与直线 m：$x+(2a-1)y-3=0$ 互相平行，则 $a=$ _____．

四、解答题

17. 已知直线 l：$x-2y-6=0$．

(1)若直线 l_1 过点 $M(1, -2)$，且直线 $l_1 \perp l$，求直线 l_1 的方程；

(2)若直线 $l_2 \parallel l$，且直线 l_2 与直线 l 间的距离为 $2\sqrt{5}$，求直线 l_2 的方程．

18. 已知圆 C 过点 $A(-3,-1)$，$B(6,2)$，$D(4,6)$.

(1)求圆 C 的方程；

(2)过点 $P(-2,1)$ 的直线 l 被圆 C 截得的弦长为 $2\sqrt{23}$，求直线 l 的方程.

19. 已知圆 C 的圆心在 x 轴上，且经过坐标原点 O 和点 $A(3,\sqrt{3})$.

(1)求圆 C 的标准方程；

(2)求过点 $P(4,4)$ 且与圆 C 相切的直线方程.

20. 已知圆 C 的圆心 $(a,-2)$ 在直线 $x-y+1=0$ 上，且圆 C 经过点 $A(-1,0)$.

(1)求圆 C 的标准方程；

(2)若动点 M 与点 A 的距离等于 2，求点 M 的轨迹方程.

21. 已知 $\triangle ABC$ 三个顶点的坐标分别为 $A(2,4)$，$B(-1,1)$，$C(9,-3)$.

(1)求 BC 边上的中线所在直线的方程；

(2)求 BC 边上的高所在直线的方程；

(3)求 $\angle BAC$ 的平分线所在直线的方程.

22. 如图所示, 四边形 $ABCD$ 是一块长方形绿地, $AB=3$ km, $AD=2$ km, EF 是一条直路, 交 BC 于点 E, 交 AB 于点 F, 且 $BE=AF=1$ km. 现在该绿地上建一个标志性建筑物, 使建筑物的中心到 D, E, F 三个点的距离相等. 以点 B 为坐标原点, 直线 BC, BA 分别为 x 轴、y 轴建立如图所示的直角坐标系.

(1) 求出建筑物的中心的坐标;

(2) 由建筑物的中心到直路 EF 要开通一条路, 已知路的造价为 100 万元/km, 求开通的这条路的最低造价. ($\sqrt{5} \approx 2.24$)

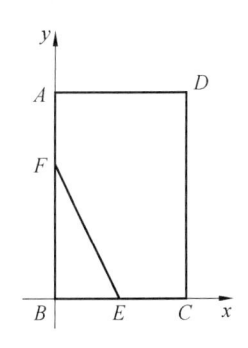

第七章 简单几何体

7.1 多面体

7.1.1 棱柱

【学习目标】

知识目标：

认识棱柱模型；通过观察棱柱的展开过程，了解棱柱的结构特征；学会计算直棱柱的表面积和体积.

技能目标：

在学习棱柱相关知识的过程中培养学生数学计算以及空间想象能力.

素养目标：

通过师生互动，生生互动，增强学生学好数学的热情，小组合作，培养团队合作意识.

【学习重点】

直棱柱的结构特征以及直棱柱表面积和体积的运算.

【学习难点】

直棱柱侧面积的推导以及表面积的运算.

【导学】

一、导入：创设情景，导入课题

继 2008 年夏奥会之后，2022 年冬奥会花落北京，北京成为世界上首座"双奥之城"，下面是北京"水立方"的图片，请观察"水立方"图片，你能从图片中提取出有关数学的元素吗？

二、精讲：突出重点，突破难点

由若干个平面多边形围成的封闭的几何体称为多面体．

围成多面体的各个多边形称为多面体的面，相邻两个面的公共边称为多面体的棱，棱与棱的公共点称为多面体的顶点，连接不在同一个面上的两个顶点的线段叫作对角线．

一个多面体至少有四个面，多面体按照它的面数分别叫作四面体、五面体、六面体……

思考1：什么样的多面体叫作棱柱？

棱柱是指有两个面互相平行，其余的面都是平行四边形的多面体．

两个互相平行的面称为棱柱的底面，其余的面称为棱柱的侧面，两个侧面的公共边叫作棱柱的侧棱，两个底面之间的距离称为棱柱的高，连接不在同一个面上的两个顶点的线段叫作对角线．

如图所示，其中①②③④为棱柱．

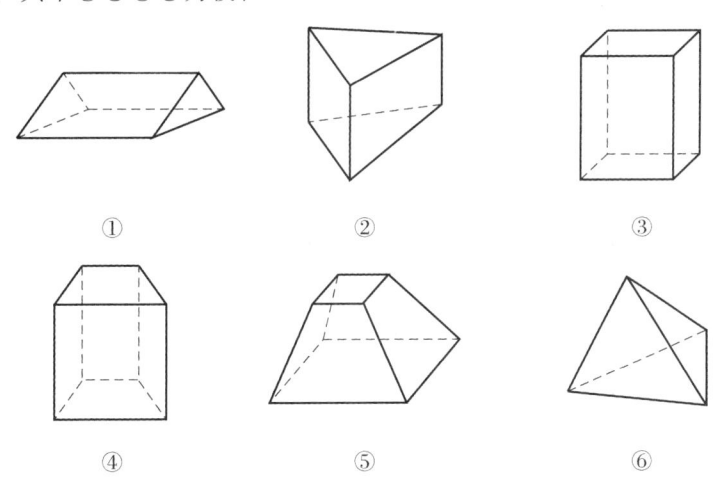

① ② ③

④ ⑤ ⑥

思考2：观察下图，这两个棱柱有何不同？

通过观察，我们发现一个棱柱是直的，一个棱柱是斜的．

侧棱垂直于底面的棱柱称为直棱柱,侧棱不垂直于底面的棱柱称为斜棱柱.

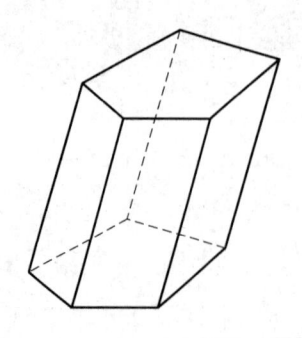

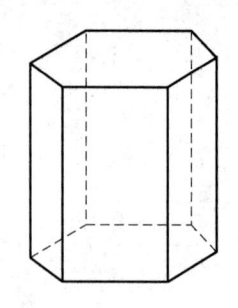

思考 3:正棱柱如何定义?有哪些性质?

底面为正多边形的直棱柱称为正棱柱.

正棱柱有以下性质:

(1)两个底面是平行且全等的正多边形;

(2)侧面都是全等的矩形;

(3)侧棱互相平行且垂直于底面,各侧棱都相等,高与侧棱相等.

思考 4:直棱柱的表面积如何计算?

棱柱的侧面积与两个底面面积之和称为棱柱的表面积或全面积.

下图为三棱柱和四棱柱的侧面展开图,观察,发现直棱柱的侧面展开图是矩形,它的上下两条对边长等于直棱柱的底面周长 C,另两条对边等于直棱柱的高 h.

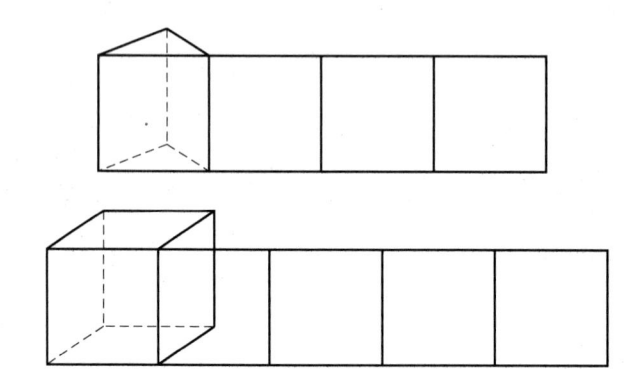

所以直棱柱的侧面积为

$$S_{直棱柱侧} = Ch$$

棱柱的侧面积与两个底面面积之和称为棱柱的表面积或全面积,即

$$S_{直棱柱表} = S_{直棱柱侧} + 2S_{底} = Ch + 2S_{底}$$

思考 5:直棱柱的体积如何计算?

直棱柱的体积等于它的底面积与高的乘积,即

$$V_{直棱柱}=S_{底}h$$

【互学】

三、合作：自主学习，小组合作

例 1 观察下面的几何体，是棱柱的为（　　）．

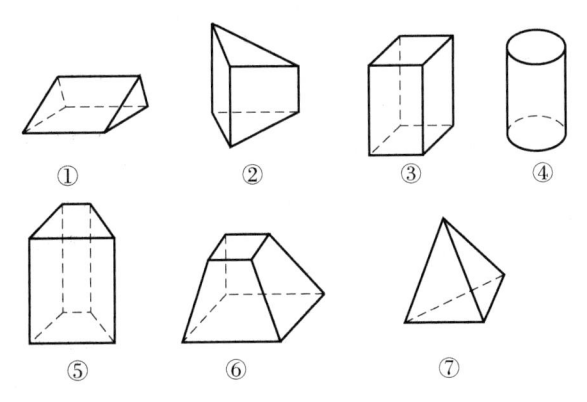

A. ①③⑤　　B. ①②③⑤　　C. ①③⑥　　D. ③④⑥

例 2 如图所示，在直三棱柱 $ABC-A_1B_1C_1$ 中，$\triangle ABC$ 是等腰直角三角形．若 $AB=AC=4$，$AA_1=3$，则该直三棱柱的体积为 _____．

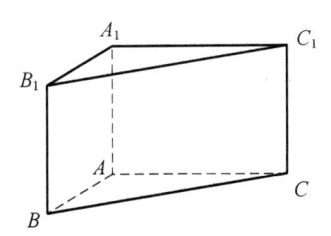

四、巩固：当堂检测，突破自我

1. 已知正四棱柱的底面边长为 $2\sqrt{2}$，高为 3，则此正四棱柱的对角线长为 _____．

2. 已知长方体的长、宽、高分别是 2，4，8，和该长方体等体积的正方体的棱长为 _____．

3*. 边长为 3 的正方体切成 27 个全等的小正方体，则表面积之和比原来增加了 _____．

五、小结：画龙点睛，提纲挈领

直棱柱的侧面积

$$S_{直棱柱侧}=Ch$$

棱柱的表面积

$$S_{直棱柱表} = S_{直棱柱侧} + 2S_{底} = Ch + 2S_{底}$$

直棱柱的体积

$$V_{直棱柱} = S_{底} h$$

【评学】

六、互评：多元评价，促进成长

评价项目	分值	等级							评价成员（第_____组）					
									1	2	3	4	5	6
学习态度	10	优	10	良	8	中	6	差	4						
课堂纪律	10	优	10	良	8	中	6	差	4						
文明用语	10	优	10	良	8	中	6	差	4						
互帮互助	10	优	10	良	8	中	6	差	4						
学习效果	10	优	10	良	8	中	6	差	4						
创新意识	10	优	10	良	8	中	6	差	4						
参与小组活动	10	优	10	良	8	中	6	差	4						
任务单完成情况	10	优	10	良	8	中	6	差	4						
笔记情况	10	优	10	良	8	中	6	差	4						
小组贡献率	10	优	10	良	8	中	6	差	4						
合计	100														

作业：课后巩固，夯实成果

一、选择题

1. 底面边长和高都是1的正三棱柱的表面积是(　　).

   A. 3　　　　B. $\frac{\sqrt{3}}{2}$　　　　C. $3+\frac{\sqrt{3}}{4}$　　　　D. $3+\frac{\sqrt{3}}{2}$

2. 正四棱柱的底面积为4，高为3，则它的侧面积为(　　).

   A. 12　　　　B. 24　　　　C. 16　　　　D. 32

3. 正四面体 $S-ABC$ 的棱长为 $\sqrt{2}$，则 $S-ABC$ 的体积为(　　).

   A. 1　　　　B. $\frac{1}{2}$　　　　C. $\frac{1}{3}$　　　　D. $\frac{1}{4}$

4*. (多选)下列关于棱柱的说法中正确的是(　　).

   A. 所有的棱柱两个底面都平行

B. 所有的棱柱一定有两个面互相平行，其余各面都是四边形，每相邻两个四边形的公共边互相平行

C. 有两个面互相平行，其余各面都是四边形的几何体一定是棱柱

D. 棱柱至少有五个面

二、填空题

5. 长方体的表面积是 24，它过同一个顶点的三条棱长之和为 6，则它的体对角线长是_____.

6*. 长方体中由一个顶点出发的三个侧面的面积分别为 S_1，S_2，S_3，则该长方体的体积为_____.

三、解答题

7. 一个正三棱柱形的零件，它的高是 10 cm，底面边长是 2 cm，求它的体积.

8*. 已知某个三棱柱的底面是正三角形，侧棱垂直于底面，它的侧面展开图是边长分别为 6 和 4 的矩形，求它的表面积.

7.1.2 直观图的画法

【学习目标】

知识目标：

了解并掌握斜二测画法的具体步骤.

技能目标：

能够运用斜二测画法画直观图，培养学生空间想象能力.

素养目标：

通过师生互动，生生互动，增强学生学好数学的热情，小组合作，培养团队合作意识.

【学习重点】

掌握斜二测画法.

【学习难点】

运用斜二测画法画直观图.

【导学】

一、导入：创设情景，导入课题

观察图片中的魔方，你能在纸上将这个魔方画出来吗？

二、精讲：突出重点，突破难点

直观图是指把空间图形画在平面内，使其既富有立体感，又能表达出图形各主要部分的位置关系和数量关系的图形.

中学阶段，我们画直观图的主要方法是斜二测画法.

斜二测画法是作空间几何直观图的一种有效方法，是空间几何直观图的画法基础. 在已知图形中平行于 y 轴的线段，在直观图中画成平行于 y' 轴，且长度为原来的 $\frac{1}{2}$. 斜二测画法的面积是原来图形面积的 $\frac{\sqrt{2}}{4}$.

1. 用斜二测画法画平面图形的直观图的步骤

(1)建立平面直角坐标系，在已知平面图形中取互相垂直的 x 轴和 y 轴，两轴相交于点 O；

(2)画出斜坐标系：在画直观图的纸上（平面上）画出对应的 x' 轴和 y' 轴，两轴相交于点 O'，且使 $\angle x'O'y' = 45°$（或 $135°$），它们确定的平面表示水平平面；

(3)画对应图形：在已知图形平行于 x 轴的线段，在直观图中画成平行于 x' 轴，长度保持不变；在已知图形平行于 y 轴的线段，在直观图画成平行于 y' 轴，且长度为原来的一半；

(4)对于一般线段，要在原来的图形中从线段的各个端点引垂线，再按上述要求画出这些线段，确定端点，从而画出线段；

(5)擦去辅助线：图画好后，要擦去 x' 轴、y' 轴及为画图添加的辅助线.

2. 用斜二测画法画空间几何体的直观图的步骤

(1)建立空间直角坐标系，在已知水平放置的平面图形中取 x 轴、y 轴、z 轴，建立空间直角坐标系；

(2)画出斜坐标系，在画直观图的纸上(平面上)画出对应的 $O'x'$，$O'y'$，$O'z'$，使 $\angle x'O'y'=45°$，$\angle x'O'z'=90°$；

(3)画底面：在相应轴上取底面的边，并交于底面各顶点；

(4)画侧棱或横截面侧边，使其平行于 z' 轴；

(5)成图：连接相应端点，去掉辅助线，将被遮挡部分改为虚线等.

【互学】

三、合作：自主学习，小组合作

例1 用斜二测画法画出边长为 2 cm 的正三角形的直观图.

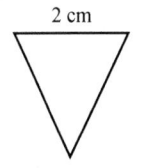

例2 用斜二测画法画长、宽、高分别是 8 cm、6 cm、3 cm 的长方体 $ABCD-A'B'C'D'$ 的直观图.

四、巩固：当堂检测，突破自我

1*. 如图所示，用斜二测画法画一个水平放置的平面图形是一个边长为 1 的正方形，则原图形的形状是(　　).

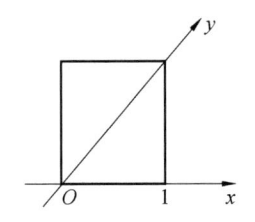

A. B. C. D.

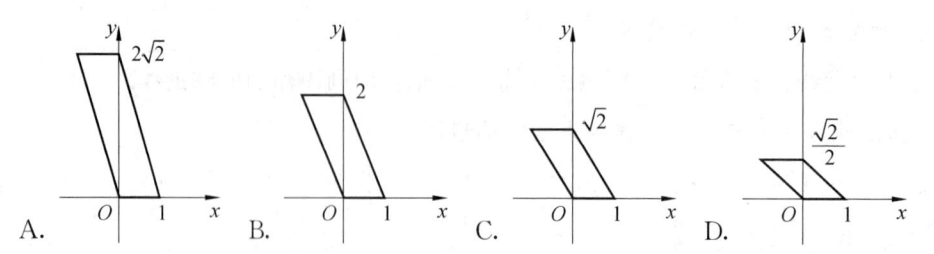

2. 用斜二测法画出如图所示边长为 2 的等边三角形的直观图,并求直观图的面积.

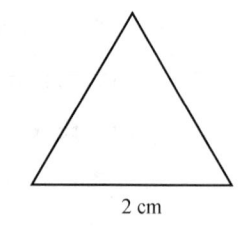

2 cm

3. 已知一长方体的底面是边长为 3 cm 的正方形,高为 4 cm,试用斜二测画法画出此长方体的直观图.

五、小结:画龙点睛,提纲挈领

斜二测画法口诀:

平行依旧垂改斜,横等纵半竖不变,眼见为实遮为虚,空间观感好体现.

【评学】

六、互评:多元评价,促进成长

教师综合评价表				
评价项目		评价标准	分值	得分
考勤(10%)		无无故迟到、早退、旷课现象	10	
学习过程 (60%)	课前准备	课前预习工作完善,准备充分	10	
	课堂参与	能够积极参与课堂活动的开展、展示	10	
	学习态度	态度端正,无故意扰乱课堂现象	10	
	合作能力	与小组成员关系协调、合作良好	10	
	职业素养	在学习过程中能体现本专业职业素养	10	
	创新意识	在课堂上有创新意识,提出不同见解	10	

续表

评价项目		评价标准	分值	得分
学习成果 (30%)	学习完整	能按时完成各环节学习任务	10	
	作业情况	能保证课堂、课后作业正确率	10	
	成果展示	能准确表达、及时复述学习收获	10	
合计			100	

作业：课后巩固，夯实成果

一、选择题

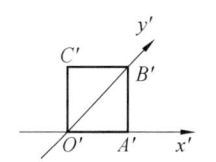

1. 如图所示，正方形 $O'A'B'C'$ 的边长为 2，它是水平放置的一个平面图形的直观图，则原平面图形的面积是（　　）.

A. $8\sqrt{2}$ B. $4\sqrt{2}$

C. 8   D. 4

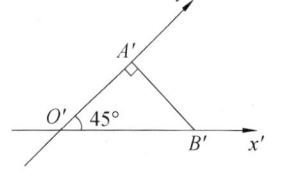

2. 如图所示，Rt$\triangle O'A'B'$ 是一个平面图形的直观图，斜边 $O'B'=4$，则原平面图形的面积是（　　）.

A. $8\sqrt{2}$ B. $4\sqrt{2}$

C. 4   D. $\sqrt{2}$

3. (多选)给出以下关于斜二测直观图的结论，其中正确的是（　　）.

A. 角水平放置的直观图一定是角

B. 相等的角在直观图中仍相等

C. 相等的线段在直观图中仍然相等

D. 若两条线段平行，则在直观图中对应的两条线段仍然平行

4*. 如图所示的直观图是将正方体模型放置在你的水平视线的左上角而绘制的，其中正确的是（　　）.

A. 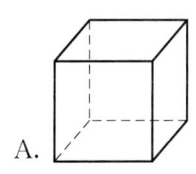   B. 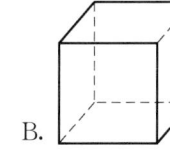   C. 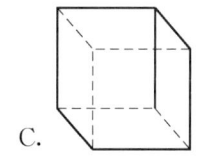   D.

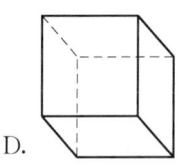

二、填空题

5. 边长为 2 和 4 的矩形直观图面积为_____.

6*. 用斜二测画法画得的正方形的直观图的面积为 $4\sqrt{2}$，那么原正方形的面积为_____.

三、解答题

7. 画长、宽、高分别为 4 cm，3 cm，2 cm 的长方体的直观图.

8*. 用斜二测画法画出边长为 1 cm 的正六边形的直观图.

7.1.3 棱锥

【学习目标】

知识目标：

认识棱锥模型；通过观察棱锥的侧面展开过程，了解棱锥的结构特征；学会计算棱锥的表面积和体积.

技能目标：

在学习棱锥相关知识过程中培养学生数学计算以及空间想象能力.

素养目标：

通过师生互动，生生互动，增强学生学好数学的热情，小组合作，培养团队合作意识.

【学习重点】

正棱锥的结构特征以及正棱锥表面积和体积的运算.

【学习难点】

正棱锥侧面积的推导以及表面积、体积的运算.

【导学】

一、导入：创设情景，导入课题

以下图片中哪些立体图形是棱柱？

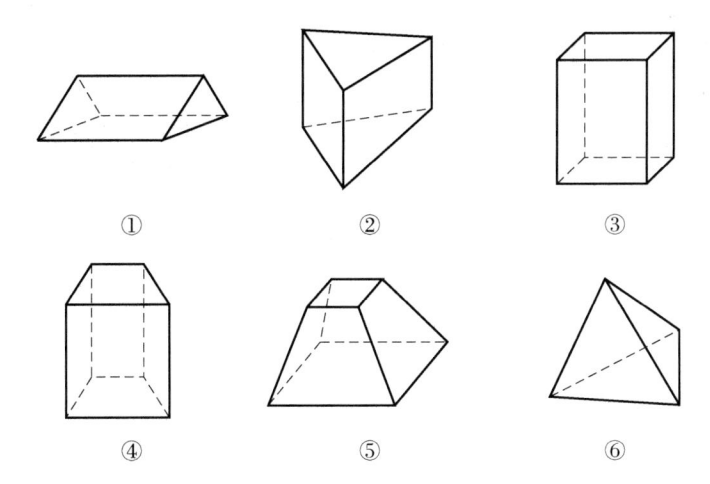

图⑥是什么立体图形呢？

二、精讲：突出重点，突破难点

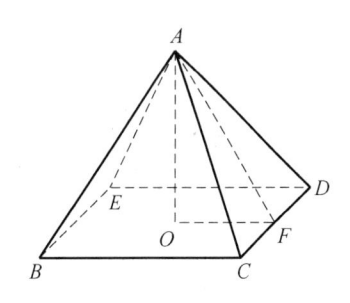

棱锥是指有一个面是多边形，其余各面都是三角形，且这些三角形有一个公共点的多面体．

这个多边形称为棱锥的底面，其余各面称为棱锥的侧面，各侧面的公共点称为棱锥的顶点，相邻侧面的公共边称为棱锥的侧棱，顶点到底面之间的距离称为棱锥的高，顶点到底边的距离称为斜高．按照棱锥底面多边形的不同，棱锥分别称为三棱锥、四棱锥、五棱锥、…．

思考1：正棱锥如何定义？有何性质？

正棱锥是指底面是正多边形，顶点在底面上的投影是底面中心的多棱锥．

(1)各侧棱相等，斜高相等，侧面是全等的等腰三角形．

(2)顶点到底面中心的连线垂直于底面，是正棱锥的高．

(3)正棱锥的高、侧棱以及侧棱在底面上的投影构成一个直角三角形，正棱锥的高、斜高以及斜高在底面上的投影构成一个直角三角形．

特别地，侧棱与底面边长相等的正三棱锥叫作正四面体．

思考2：棱锥的表面积如何计算？

棱锥的侧面积与底面面积之和称为棱锥的表面积或全面积．

下图为正四棱锥的侧面展开图，观察可得正四棱锥的侧面展开图是四个全等三角形，正棱锥的底面周长为 C，正棱锥的斜高为 h'．

所以正棱锥的侧面积为

$$S_{\text{正棱锥侧}} = \frac{1}{2}Ch'$$

棱锥的侧面积与底面面积之和称为棱锥的表面积或全面积，即

$$S_{直棱锥表} = \frac{1}{2}Ch' + S_{底}$$

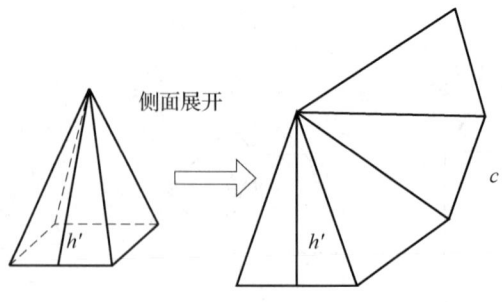

思考 3：棱锥的体积如何计算？

直棱锥的体积等于三分之一它的底面积与高的乘积，即

$$V_{直棱锥} = \frac{1}{3}S_{底}h$$

【互学】

三、合作：自主学习，小组合作

例 1 已知正四棱锥的高为 3，底面边长为 $\sqrt{2}$，则该棱锥的体积为（　　）．

A. 6　　　　　　B. $3\sqrt{2}$　　　　　　C. 2　　　　　　D. $\sqrt{2}$

例 2 正三棱锥底面边长是 2，高是 4，求该正三棱锥表面积．

四、巩固：当堂检测，突破自我

1*. 如图 1 所示，位于西安大慈恩寺的大雁塔是我国现存最早、规模最大的唐代四方楼阁式砖塔，其最高处的塔刹可以近似地看成一个正四棱锥．如图 2 所示，已知正四棱锥 $P-ABCD$ 的高为 4.87 m，其侧棱与高的夹角为 $45°$，则该正四棱锥的体积约为（　　）．（$4.87^3 \approx 115.5$）

图 1 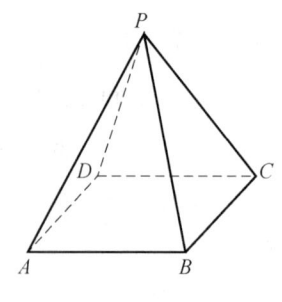　　　　图 2

A. 231 m³   B. 179 m³   C. 154 m³   D. 77 m³

2. 正四棱锥的所有棱长均为1，则它的体积是_____.

3. 若正四棱锥底面边长为 a，侧棱与底面成 $60°$ 角，求正四棱锥的侧棱长和斜高.

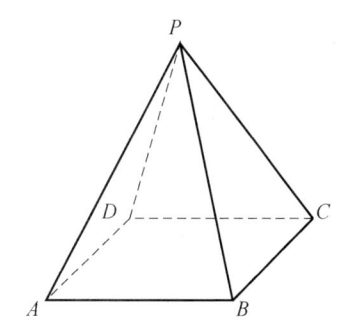

五、小结：画龙点睛，提纲挈领

正棱锥的侧面积为

$$S_{正棱锥侧} = \frac{1}{2}Ch'$$

棱锥的表面积或全面积为

$$S_{直棱锥表} = \frac{1}{2}Ch' + S_{底}$$

直棱锥的体积

$$V_{直棱锥} = \frac{1}{3}S_{底}h$$

【评学】

六、互评：多元评价，促进成长

学生自评表			
评价项目	评价标准	分值	得分
考勤	无无故迟到、早退、旷课现象	10	
课前准备	课前预习工作完善，准备充分	10	
课堂参与	能够积极参与课堂活动的开展、展示	10	
学习态度	态度端正，无故意扰乱课堂现象	10	
合作能力	与小组成员关系协调、合作良好	10	
创新意识	在课堂上有创新意识，提出不同见解	10	

续表

评价项目	评价标准	分值	得分
学习效能	学有所得，能按时按质完成课后作业	10	
数学素养	获得一定的数学抽象、逻辑推理、数学建模、数学运算、直观想象、数据分析能力	10	
职业素养	在学习过程中能体现本专业职业素养	10	
道德品质	通过学习获得一定的道德品质提升	10	
合计		100	

作业：课后巩固，夯实成果

一、选择题

1. 已知正四棱锥的高为 3，底面边长为 $\sqrt{2}$，则该棱锥的体积为（　　）.

A. 6　　　　B. $3\sqrt{2}$　　　　C. 2　　　　D. $\sqrt{2}$

2. （多选）正三棱锥底面边长为 3，侧棱长为 $2\sqrt{3}$，则下列叙述中正确的是（　　）.

A. 正三棱锥高为 3

B. 正三棱锥的斜高为 $\dfrac{\sqrt{39}}{2}$

C. 正三棱锥的体积为 $\dfrac{27\sqrt{3}}{4}$

D. 正三棱锥的侧面积为 $\dfrac{9\sqrt{39}}{4}$

3. 棱长都是 1 的三棱锥的表面积为（　　）.

A. $\sqrt{3}$　　　　B. $2\sqrt{3}$　　　　C. $3\sqrt{3}$　　　　D. $4\sqrt{3}$

4*. 埃及胡夫金字塔是古代世界建筑奇迹之一，其形状可视为一个正四棱锥，已知该金字塔的塔高与底面边长的比满足黄金比例，即比值约为 $\dfrac{\sqrt{5}-1}{2}$，则它的侧棱与底面所成角的正切值约为（　　）.

A. $\dfrac{\sqrt{10}-\sqrt{2}}{2}$　　B. $\dfrac{\sqrt{5}-1}{2}$　　C. $\dfrac{\sqrt{5}+1}{2}$　　D. $\dfrac{\sqrt{10}+\sqrt{2}}{2}$

二、填空题

5. 已知正三棱锥底面边长为 3，高为 $\dfrac{1}{2}$，则斜高为_____.

6*. 正四面体 $S-ABC$ 的棱长为 $\sqrt{2}$，则正四面体 $S-ABC$ 的体积为_____.

三、解答题

7. 如图所示，四面体 $P-ABC$ 的各棱长均为 3，求它的表面积.

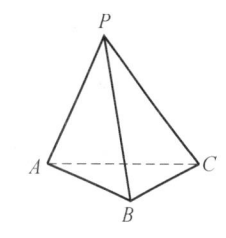

8*. 如图所示的几何体是由上下两部分组成的，上部的形状是正四棱锥 $P-A_1B_1C_1D_1$，下部的形状是正四棱柱 $ABCD-A_1B_1C_1D_1$，且正四棱柱的高 O_1O 是正四棱锥的高 PO_1 的 4 倍，若 $AB=6$，$PO_1=2$，求该几何体的体积.

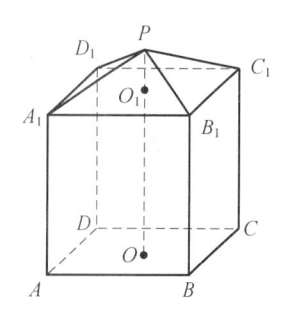

7.2 旋转体

7.2.1 圆柱

【学习目标】

知识目标：

认识圆柱模型；通过观察圆柱的侧面展开过程，了解圆柱的结构特征；学会计算圆柱的表面积和体积.

技能目标：

在学习圆柱相关知识的过程中培养学生数学计算以及空间想象能力.

素养目标：

通过师生互动，生生互动，增强学生学好数学的热情，小组合作，培养团队合作意识.

【学习重点】

圆柱的结构特征以及圆柱表面积和体积的运算.

【学习难点】

圆柱侧面积的推导以及表面积、体积的运算.

【导学】

一、导入：创设情景，导入课题

请观察以下生活中常见的物品图片，你能从图片中提取出有关数学的元素吗？

二、精讲：突出重点，突破难点

由一个平面图形绕着它所在平面内的一条定直线旋转一周所形成的封闭几何体称为旋转体，这条定直线叫作旋转体的轴.

思考 1：观察以下立体图形，它是如何形成的？

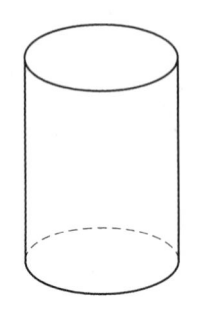

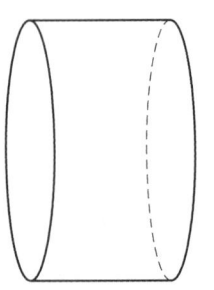

以矩形的一边所在的直线为轴,其余各边绕轴旋转一周所形成的封闭的几何体叫作圆柱.

这条直线称为轴,两个互相平行的圆面称为圆柱的底面,平行于轴的边称为圆柱的母线,母线旋转而成的曲面称为圆柱的侧面,两个底面之间的距离称为圆柱的高.

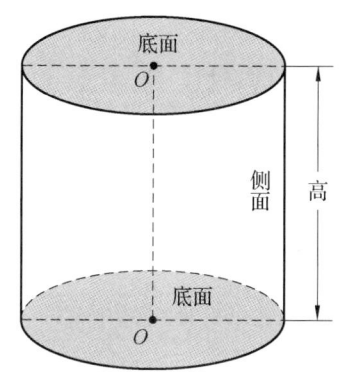

思考 2:观察一下,圆柱有什么性质呢?

圆柱有以下性质:

(1)两个底面是平行且全等的圆;

(2)母线平行且相等,都等于圆柱的高;

(3)平行于底面的横截面是与底面全等的圆;平行于轴的横截面是矩形,且过轴的截面(轴截面)的边长分别是底面直径和圆柱的高.

思考 3:圆柱的表面积如何计算?

圆柱的侧面积与两个底面面积之和称为圆柱的表面积或全面积.

下图为圆柱的侧面展开图,观察可得圆柱的侧面展开图是矩形,它的上下两条对边长等于圆柱的底面周长 $C=2\pi r$,另两条对边等于圆柱的高 h.

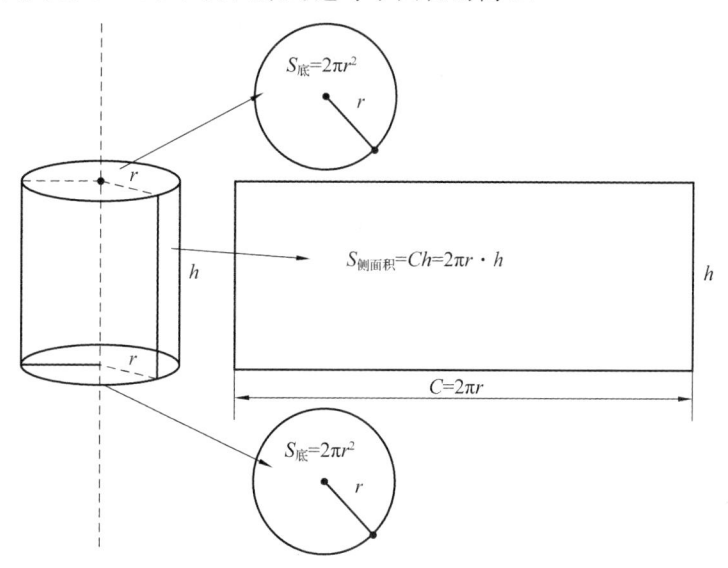

$S_{底}=2\pi r^2$

$S_{侧面积}=Ch=2\pi r \cdot h$

$C=2\pi r$

$S_{底}=2\pi r^2$

所以圆柱的侧面积为
$$S_{圆柱侧}=2\pi rh$$

圆柱的侧面积与两个底面面积之和称为圆柱的表面积或全面积，即
$$S_{圆柱表}=S_{圆柱侧}+2S_{底}=2\pi rh+2\pi r^2$$

思考 4：圆柱的体积如何计算？

圆柱的体积等于它的底面积与高的乘积，即
$$V_{圆柱}=S_{底}h=\pi r^2 h$$

【互学】

三、合作：自主学习，小组合作

例 1 图所示为某几何体的展开图，则该几何体是（　　）.

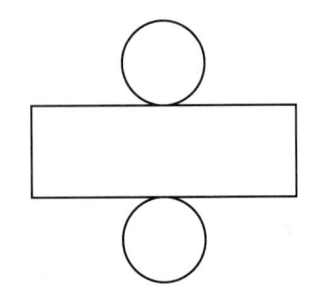

A. 长方体　　　B. 圆柱　　　C. 圆锥　　　D. 三棱柱

例 2 若圆柱的底面半径为 2，母线长为 3，则圆柱的体积是（　　）.

A. 3π　　　B. 4π　　　C. 8π　　　D. 12π

四、巩固：当堂检测，突破自我

1. 已知圆柱的底面半径为 2，高为 4，则圆柱的体积为_____.

2. 圆柱的侧面展开图是一个正方形，则它的母线长和底面半径的比值是_____.

3*. 若甲、乙两个圆柱形容器的容积相等，且甲、乙两个圆柱形的容器内部底面半径的比值为 2，则甲、乙两个圆柱形容器内部的高度的比值为_____.

五、小结：画龙点睛，提纲挈领

圆柱的侧面积为
$$S_{圆柱侧}=2\pi rh$$

圆柱的表面积为
$$S_{圆柱表}=S_{圆柱侧}+2S_{底}=2\pi rh+2\pi r^2$$

圆柱的体积为
$$V_{圆柱}=S_{底}h=\pi r^2 h$$

【评学】

六、互评：多元评价，促进成长

学生互评表												
评价项目	分值	等级							评价成员（第＿＿＿组）			
									1	2	3	4	5	6
学习态度	10	优	10	良	8	中	6	差	4						
课堂纪律	10	优	10	良	8	中	6	差	4						
文明用语	10	优	10	良	8	中	6	差	4						
互帮互助	10	优	10	良	8	中	6	差	4						
学习效果	10	优	10	良	8	中	6	差	4						
创新意识	10	优	10	良	8	中	6	差	4						
参与小组活动	10	优	10	良	8	中	6	差	4						
任务单完成情况	10	优	10	良	8	中	6	差	4						
笔记情况	10	优	10	良	8	中	6	差	4						
小组贡献率	10	优	10	良	8	中	6	差	4						
合计	100														

作业：课后巩固，夯实成果

一、选择题

1. 如图所示，在一密闭的圆柱形玻璃杯中装一半的水，水平放置时，水面的形状是（　　）．

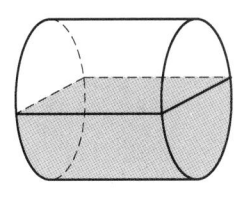

A. 圆　　　　　B. 长方形　　　　　C. 椭圆　　　　　D. 平行四边形

2. 圆柱底面半径 $r=2$，母线 $l=3$，则圆柱的表面积是（　　）．

A. 8π　　　　B. 12π　　　　C. 16π　　　　D. 20π

3. 已知圆柱的轴截面是正方形，它的面积是 4，那么这个圆柱的体积是（结果中保留 π）（　　）．

A. π　　　　B. 2π　　　　C. 3π　　　　D. 4π

4*.（多选）已知圆柱的侧面展开图是长为 4 cm、宽为 2 cm 的矩形，则这个圆柱的体积可能是（　　）．

A. $8\pi cm^3$　　　　B. $\dfrac{8}{\pi}cm^3$　　　　C. $\dfrac{16}{\pi}cm^3$　　　　D. $\dfrac{4}{\pi}cm^3$

二、填空题

5. 圆柱的底面半径为 1，高为 2，则其表面积为＿＿＿＿．

6*. 用一个边长为 2 的正方形围成圆柱的侧面，则圆柱底面积为＿＿＿＿．

三、解答题

7. 已知一个圆柱的底面半径为 2，体积为 16π，求该圆柱的表面积．

8*. 图所示的几何体是圆柱的一部分，它由矩形 $ABCD$ 的边 AB 所在的直线为旋转轴旋转 $120°$ 得到，$AB=3$，$AD=2$．

(1) 求这个几何体的体积；

(2) 求这个几何体的表面积．

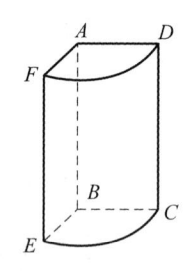

7.2.2　圆锥

【学习目标】

知识目标：

认识圆锥模型；通过观察圆锥的侧面展开过程，了解圆锥的结构特征；学会计算圆锥的表面积和体积．

技能目标：

在学习圆锥相关知识的过程中培养学生数学计算以及空间想象能力．

素养目标：

通过师生互动，生生互动，增强学生学好数学的热情，小组合作，培养团队合作意识.

【学习重点】

圆锥的结构特征以及圆锥表面积和体积的运算.

【学习难点】

圆锥侧面积的推导以及表面积、体积的运算.

【导学】

一、导入：创设情景，导入课题

圆柱是如何得到的？圆锥呢？

二、精讲：突出重点，突破难点

以直角三角形的一条直角边所在的直线为轴，其余各边绕轴旋转一周所形成的封闭的几何体叫作圆锥.

这条直线称为圆锥的轴，另一条直角边旋转所形成的圆面称为圆锥的底面，斜边旋转形成的曲面称为圆锥的侧面，这条斜边称为圆锥的母线，母线与轴的交点称为顶点，顶点与底面圆心之间的距离称为圆锥的高.

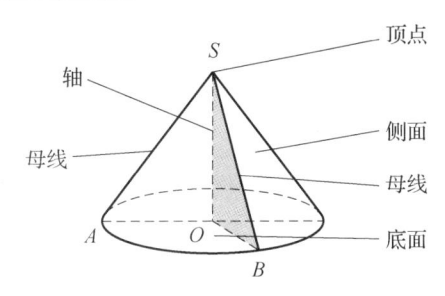

思考 1：观察一下，圆锥有什么性质呢？

圆锥有以下性质：

(1) 平行于底面的截面是圆.

(2) 圆锥的高、底面圆的半径以及圆锥的母线构成一个直角三角形.

(3) 轴截面是等腰三角形，腰为圆锥的母线，底边是底面圆的直径，高是圆锥的高.

思考 2：圆锥的表面积如何计算？

圆锥的侧面积与底面面积之和称为圆锥的表面积或全面积.

下图为圆锥的侧面展开图，观察可得圆锥的侧面展开图是扇形，它的半径是圆锥的母线长.

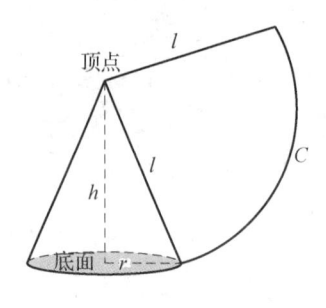

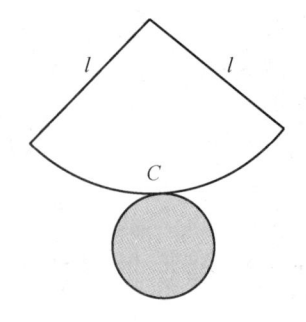

所以圆锥的侧面积为

$$S_{圆锥侧}=\frac{1}{2}Cl=\pi rl$$

圆锥的侧面积与底面面积之和称为圆锥的表面积或全面积，即

$$S_{圆锥表}=S_{圆锥侧}+S_{底}=\pi rl+\pi r^2$$

思考3：圆锥的体积如何计算？

圆锥的体积等于三分之一它的底面积与高的乘积，即

$$V_{圆锥}=\frac{1}{3}S_{底}h=\frac{1}{3}\pi r^2h$$

【互学】

三、合作：自主学习，小组合作

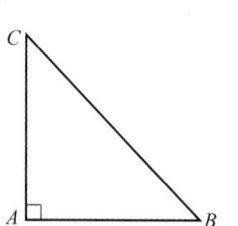

例1 如图所示，Rt△ABC 绕直角边 AC 旋转 360°，所得的旋转体为（　　）．

A. 圆锥　　　　　　　　　　B. 圆柱

C. 圆台　　　　　　　　　　D. 球

例2 已知某圆锥的底面半径为1，高为 $2\sqrt{2}$，则该圆锥的表面积为（　　）．

A. 2π　　　　B. 3π　　　　C. 4π　　　　D. 5π

四、巩固：当堂检测，突破自我

1. 圆锥的底面半径为1，母线长为3，则圆锥的侧面积等于_____．

2. 若圆锥的轴截面是边长为1的正三角形，则圆锥的侧面积是_____．

3*. 一个圆锥的侧面展开图恰好是一个半径为1的半圆，则该圆锥的体积为_____．

五、小结：画龙点睛，提纲挈领

圆锥的侧面积为

$$S_{圆锥侧}=\pi rl$$

圆锥的表面积为

$$S_{圆锥表} = S_{圆锥侧} + S_{底} = \pi r l + \pi r^2$$

圆锥的体积为

$$V_{圆锥} = \frac{1}{3} S_{底} h = \frac{1}{3} \pi r^2 h$$

【评学】

六、互评：多元评价，促进成长

教师综合评价表				
评价项目		评价标准	分值	得分
考勤(10%)		无无故迟到、早退、旷课现象	10	
学习过程 （60%）	课前准备	课前预习工作完善，准备充分	10	
	课堂参与	能够积极参与课堂活动的开展、展示	10	
	学习态度	态度端正，无故意扰乱课堂现象	10	
	合作能力	与小组成员关系协调、合作良好	10	
	职业素养	在学习过程中能体现本专业职业素养	10	
	创新意识	在课堂上有创新意识，提出不同见解	10	
学习成果 （30%）	学习完整	能按时完成各环节学习任务	10	
	作业情况	能保证课堂、课后作业正确率	10	
	成果展示	能准确表达、及时复述学习收获	10	
合计			100	

作业：课后巩固，夯实成果

一、选择题

1. 已知某圆锥的底面半径为2，母线长为$2\sqrt{2}$，则该圆锥的侧面积为（　　）.

A. $2\sqrt{2}\pi$　　　　B. 2π　　　　C. $4\sqrt{2}\pi$　　　　D. 4π

2. 若圆锥的轴截面是边长为2的等边三角形，则该圆锥顶点到底面的距离为（　　）.

A. 1　　　　B. $\sqrt{3}$　　　　C. 2　　　　D. $2\sqrt{2}$

3. 已知圆锥的底面半径和高均为1，则该圆锥的表面积为（　　）.

A. $(\sqrt{2}+1)\pi$　　　B. π　　　C. $\sqrt{2}\pi$　　　D. $(\sqrt{2}-1)\pi$

4*.（多选）已知圆锥的底面半径为2，其侧面展开图为一个半圆，则下列说法中正确的是(   ).

A. 圆锥的高是 $\sqrt{2}$
B. 圆锥的母线长是 4

C. 圆锥的表面积是 16π
D. 圆锥的体积是 $\dfrac{8\sqrt{3}}{3}\pi$

二、填空题

5. 若圆锥的轴截面是边长为 4 的等边三角形，则该圆锥顶点到底面的距离为_____．

6*. 已知某一个圆锥的侧面积为 20π，底面积为 16π，则这个圆锥的体积为_____．

三、解答题

7. 已知圆锥的母线长为 5，侧面积为 20π，求此圆锥的体积．（结果中保留 π）

8*. 在世界文化史上，陀螺的起源甚早，除了南极洲外，在其他大陆都有发现．《世界图书百科全书》这样写道："没有人准确知道人们最初玩陀螺的时间．但古希腊儿童玩过陀螺，而在中国和日本，陀螺成为公众娱乐已有几百年的时间．"已知一陀螺圆柱体部分的高 $BC=8$ cm，圆锥体部分的高 $CD=6$ cm，底面圆的直径 $AB=16$ cm，求这个陀螺的表面积．

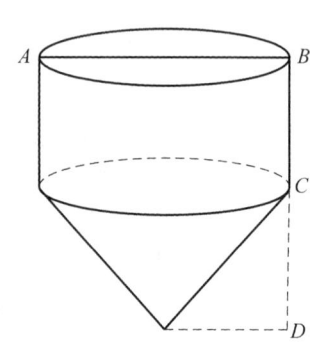

7.2.3 球

【学习目标】

知识目标:

认识球模型;了解球的结构特征;学会计算球的表面积和体积.

技能目标:

在学习球相关知识的过程中培养学生数学计算以及空间想象能力.

素养目标:

通过师生互动,生生互动,增强学生学好数学的热情,小组合作,培养团队合作意识.

【学习重点】

球的表面积和体积的运算.

【学习难点】

球的表面积和体积的运算.

【导学】

一、导入:创设情景,导入课题

以下是我们生活中常见的球类,那么球的外形是如何形成的呢?

二、精讲:突出重点,突破难点

一个半圆以它直径所在的直线旋转一周所形成的封闭几何体称为球.直径所在直线叫作球的轴,半圆的圆心称为球心,球心到球面上任意一点的距离称为半径.

思考1: 观察一下,球有什么性质呢?

球有以下性质:

(1)球的截面都是圆,称为球截面.

(2)经过球心的球截面称为大圆,大圆的半径等于球的半径.

(3)不经过球心的球截面称为小圆,设小圆的半径为 r,球的半径为 R,球心到小圆的距离为 d,则有

$$R^2 = r^2 + d^2$$

思考 2:球的表面积和体积如何计算?

球的表面积为

$$S_{球} = 4\pi R^2$$

球的体积为

$$V_{球} = \frac{4}{3}\pi R^3$$

【互学】

三、合作:自主学习,小组合作

例 1 半径为 1 的球的表面积是(　　).

A. 2π　　　　　B. 4π　　　　　C. π　　　　　D. $\frac{4}{3}\pi$

例 2 若棱长为 $\sqrt{3}$ 的正方体的顶点都在同一球面上,则该球的体积为(　　).

A. $\frac{9}{2}\pi$　　　　B. $\frac{27}{8}\pi$　　　　C. 9π　　　　D. 27π

四、巩固:当堂检测,突破自我

1. 半径为 2 的球的体积为_____.

2. 若球的表面积扩大为原来的 n 倍,则它的半径为原来的(　　)倍.

A. $\sqrt{n}-1$　　　B. $\sqrt{n}+1$　　　C. $\sqrt{n}+2$　　　D. $\sqrt{n}$

3*. 木星的体积约是地球体积的 $240\sqrt{30}$ 倍,则它的表面积约是地球表面积的(　　).

A. 60 倍　　　B. $60\sqrt{30}$ 倍　　　C. 120 倍　　　D. $120\sqrt{30}$ 倍

五、小结:画龙点睛,提纲挈领

球的表面积为

$$S_{球} = 4\pi R^2$$

球的体积为

$$V_{球} = \frac{4}{3}\pi R^3$$

【评学】

六、互评：多元评价，促进成长

学生自评表			
评价项目	评价标准	分值	得分
考勤	无无故迟到、早退、旷课现象	10	
课前准备	课前预习工作完善，准备充分	10	
课堂参与	能够积极参与课堂活动的开展、展示	10	
学习态度	态度端正，无故意扰乱课堂现象	10	
合作能力	与小组成员关系协调、合作良好	10	
创新意识	在课堂上有创新意识，提出不同见解	10	
学习效能	学有所得，能按时按质完成课后作业	10	
数学素养	获得一定的数学抽象、逻辑推理、数学建模、数学运算、直观想象、数据分析能力	10	
职业素养	在学习过程中能体现本专业职业素养	10	
道德品质	通过学习获得一定的道德品质提升	10	
合计		100	

作业：课后巩固，夯实成果

一、选择题

1. 将 8 个半径为 1 的实心铁球熔成一个大球，则这个大球的半径是（　　）.

A. 8　　　　B. $2\sqrt{2}$　　　　C. 2　　　　D. $\dfrac{\sqrt{2}}{4}$

2. 已知棱长为 1 的正方体的所有顶点均在一个球的球面上，则该球的表面积是（　　）.

A. π　　　　B. 2π　　　　C. 3π　　　　D. 4π

3. (多选)下列关于球的说法中正确的是（　　）.

A. 球是半圆以直径为轴旋转一周所形成的

B. 球心到球面的距离等于大圆的半径

C. 两球的半径之比是 1∶2，则两球的体积之比是 1∶4

D. 球的半径变成原来的 2 倍，则表面积变成原来的 8 倍

4*. 已知两个球的表面积之比为 1∶9，则这两个球的体积之比为（　　）.

A. $1:3$ B. $1:9$ C. $1:27$ D. $1:81$

二、填空题

5. 半径为 $\sqrt{3}$ 的球的体积为_____.

6*. 一个平面截一个球得到面积为 3π 的圆面, 球心到这个圆面的距离等于球半径的一半, 则该球的体积等于_____.

三、解答题

7. 已知两个球的表面积之差为 48π, 它们的大圆周长之和为 12π, 求这两个球的半径之差.

8*. 一个圆柱形容器的轴截面尺寸如图所示, 容器内有一个实心的球, 球的直径恰等于圆柱的高. 现用水将该容器注满, 然后取出该球 (假设球的密度大于水且操作过程中水量损失不计), 求球取出后, 容器中水面的高度.

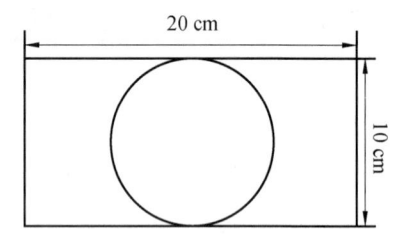

7.3 简单几何体的三视图

【学习目标】

知识目标:

学会判断基本几何体的三视图; 能画出简单几何体的三视图.

技能目标:

在学习简单几何体的三视图相关知识的过程中培养学生的空间想象能力和推理能力.

素养目标:

通过师生互动, 生生互动, 增强学生学好数学的热情, 小组合作, 培养团队合作意识.

【学习重点】

简单几何体的三视图.

【学习难点】

简单几何体的三视图.

【导学】

一、导入：创设情景，导入课题

"横看成岭侧成峰，远近高低各不同"这句古诗中蕴含了怎样的数学道理呢？

二、精讲：突出重点，突破难点

如图所示，这是一个几何体，假如一束平行光从正面、左面、上面投射到这个几何体上，你能想象出它的投影吗？试着画出来.

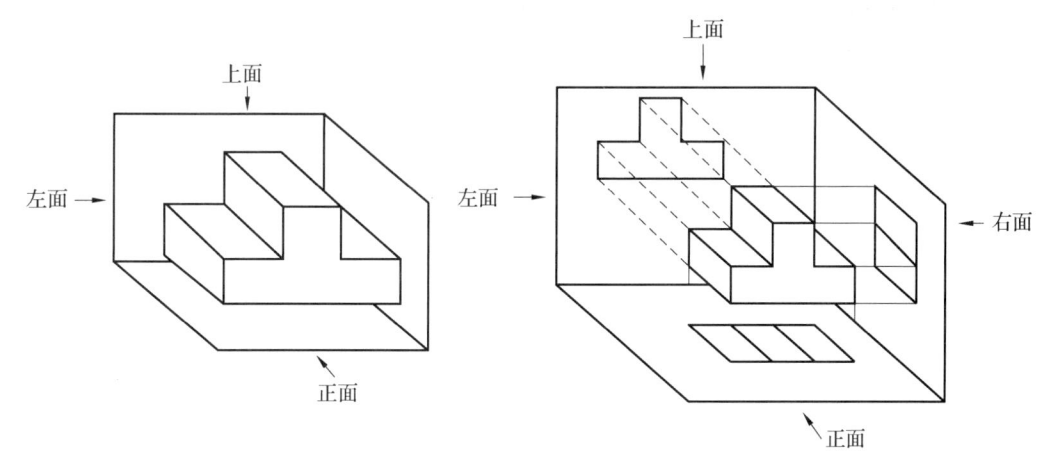

对一个物体的三个投影面内进行正投影，在正面内得到的由前向后观察物体的视图，叫作主视图；在水平面内得到的由上向下观察物体的视图，叫作俯视图；在侧面内得到的由左向右观察物体的视图，叫作左视图.

【互学】

三、合作：自主学习，小组合作

例1 请画出圆柱、圆锥、球的三视图.

例2 请画出正四棱柱和正四棱锥的三视图.

四、巩固：当堂检测，突破自我

1. 请找出图中每一个物品对应的主视图，用线连起来.

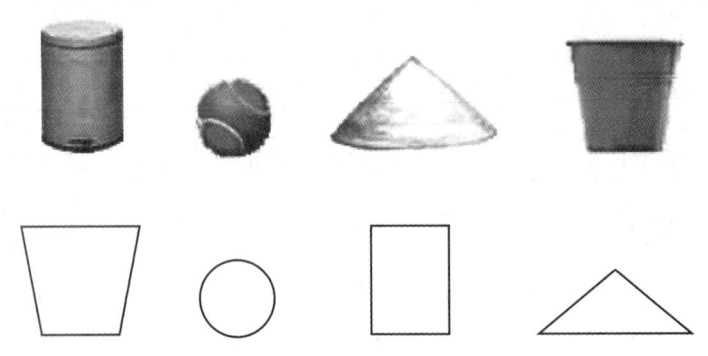

2. 若某一几何体的三视图如图所示，则该几何体是(　　).

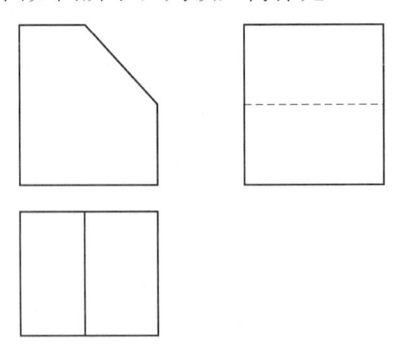

   A. 三棱柱　　　B. 四棱柱　　　C. 五棱柱　　　D. 六棱柱

3*. 如图所示，给出的是某几何体的三视图，其中主视图与左视图都是边长为2的正三角形，俯视图为半径等于1的圆. 则这个几何体的侧面积与体积分别为(　　).

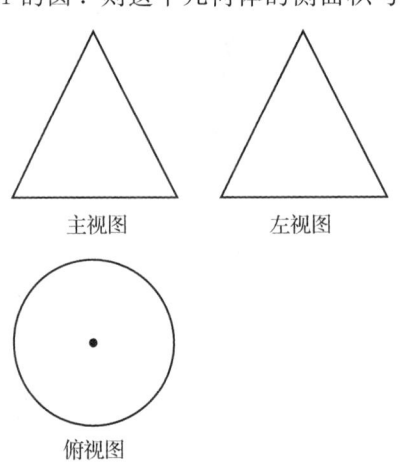

主视图　　左视图

俯视图

A. 4π，$\dfrac{4\sqrt{3}}{3}\pi$　　　B. 4π，$\sqrt{3}\pi$　　　C. 2π，$\dfrac{\sqrt{3}}{3}\pi$　　　D. π，$\sqrt{3}\pi$

五、小结：画龙点睛，提纲挈领

1. 常见几何体的三视图如下：

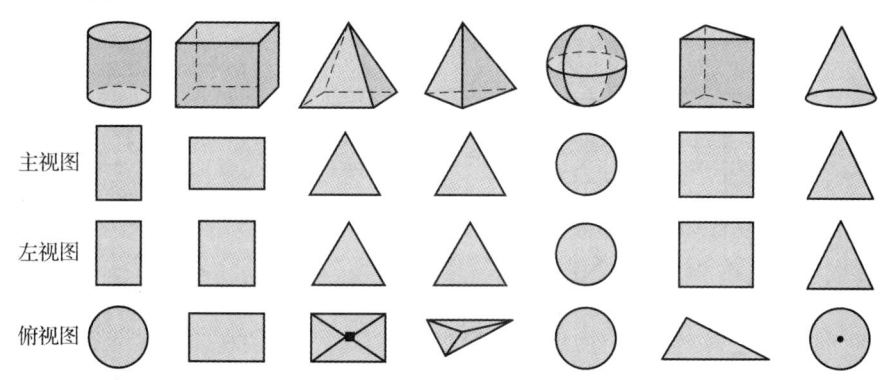

【评学】

六、互评：多元评价，促进成长

学生互评表													
评价项目	分值	等级							评价成员（第_____组）				
									1	2	3	4	5	6
学习态度	10	优	10	良	8	中	6	差	4					
课堂纪律	10	优	10	良	8	中	6	差	4					
文明用语	10	优	10	良	8	中	6	差	4					
互帮互助	10	优	10	良	8	中	6	差	4					
学习效果	10	优	10	良	8	中	6	差	4					
创新意识	10	优	10	良	8	中	6	差	4					
参与小组活动	10	优	10	良	8	中	6	差	4					
任务单完成情况	10	优	10	良	8	中	6	差	4					
笔记情况	10	优	10	良	8	中	6	差	4					
小组贡献率	10	优	10	良	8	中	6	差	4					
合计	100													

作业：课后巩固，夯实成果

一、选择题

1. 一个几何体的三视图如图所示，则这个几何体是下面的（　　）．

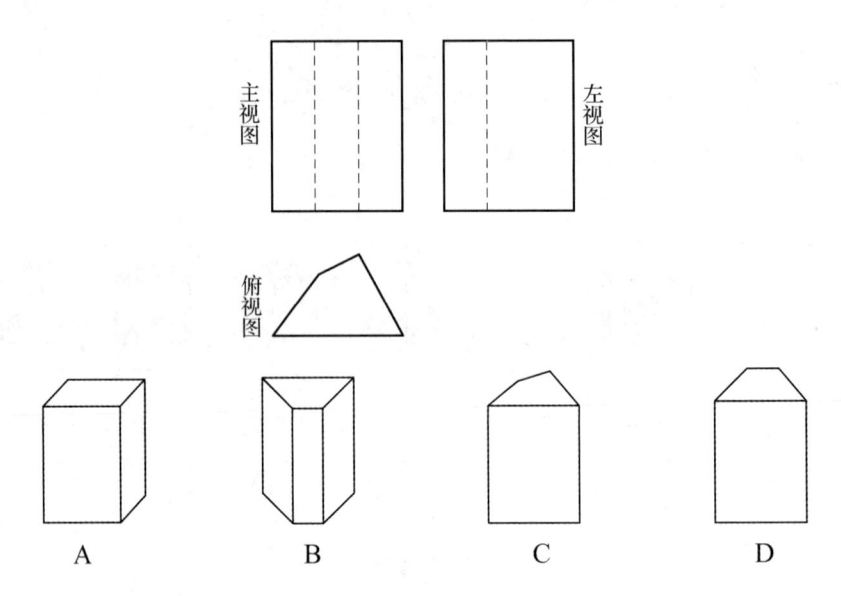

2. 图所示几何体是由一个球体和一个圆柱组成的，它的主视图是（　　）.

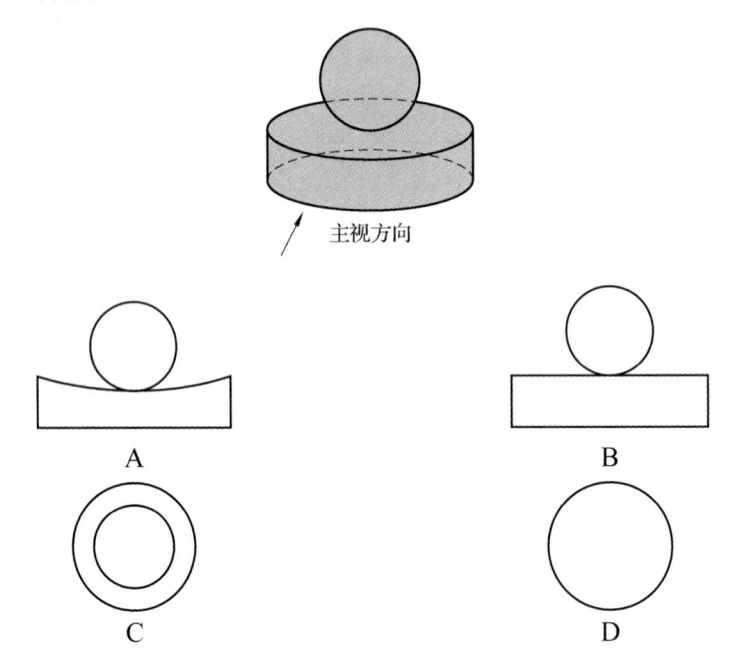

3. 已知正三棱柱 $ABC-A_1B_1C_1$，如图所示，以四边形 BCC_1B_1 的前面为正前方画出的三视图正确的是（　　）.

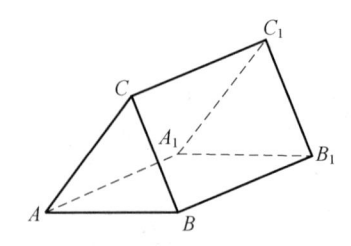

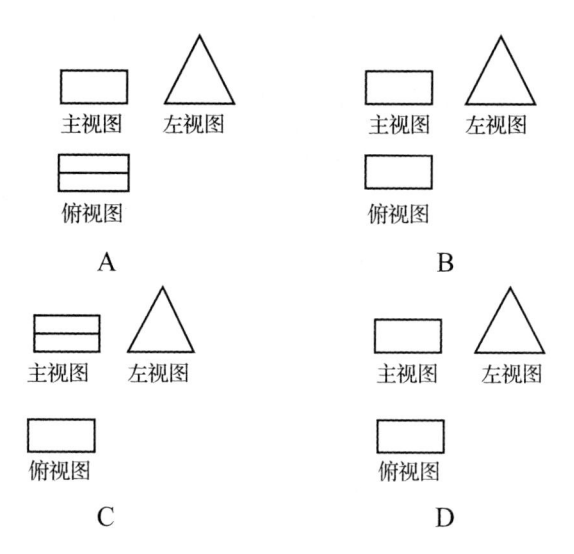

主视图 左视图　　　主视图 左视图
俯视图　　　　　　俯视图
A　　　　　　　　B

主视图 左视图　　　主视图 左视图
俯视图　　　　　　俯视图
C　　　　　　　　D

4*. 已知某几何体的三视图如图所示, 则该几何体的体积是( ).

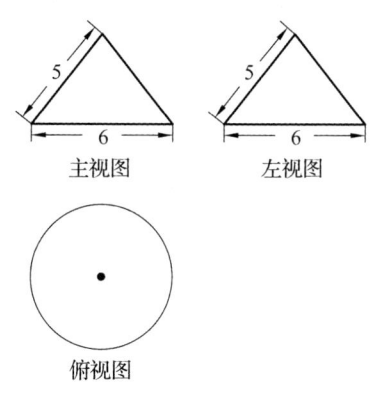

主视图　左视图

俯视图

A. 12π　　B. 18π　　C. 24π　　D. 36π

二、填空题

5. 圆柱的俯视图是_____.

6*. 图所示为某几何体的三视图, 则该几何体的表面积是_____.

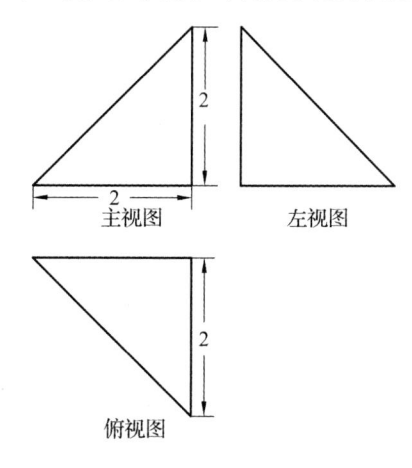

主视图　左视图

俯视图

139

三、解答题

7. 画出下面 V 形铁块的三视图（只要画草图）.

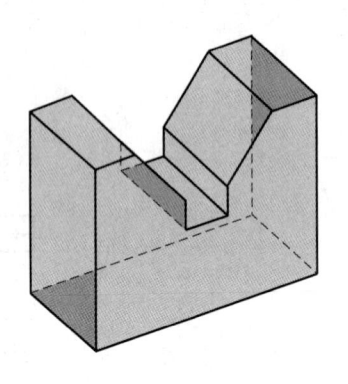

8*. 图所示为一个多面体的三视图，求该多面体的体积.

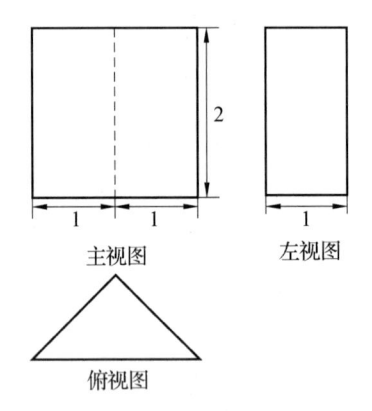

主视图　　左视图

俯视图

第七章 简单几何体单元检测卷(A)

一、单选题

1. 如图所示，Rt△ABC 绕直角边 AC 旋转360°，所得的旋转体为(　　).

A. 圆锥　　　　　　　　　B. 圆柱

C. 圆台　　　　　　　　　D. 球

2. 圆柱的侧面展开图是一个正方形，则它的母线长和底面半径的比值是(　　).

A. 1　　　　　　　　　　B. 2

C. π　　　　　　　　　　D. 2π

3. 以下各几何体中是棱柱的是(　　).

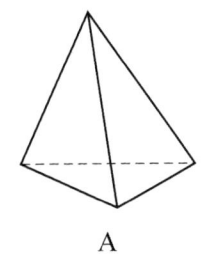

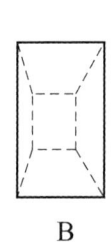

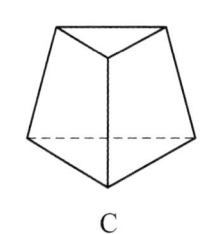

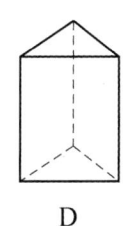

4. 已知某圆锥的底面圆半径为5，它的高与母线长的和为25，则该圆锥的侧面积为(　　).

A. 15π　　　　　　　　B. 20π

C. 60π　　　　　　　　D. 65π

5. 如果两个球的表面积之比为4：9，那么这两个球的体积之比为(　　).

A. 8：27　　　　　　　　B. 2：13

C. 4：943　　　　　　　　D. 2：9

6. 已知正三棱柱 $ABC-A_1B_1C_1$，如图所示，以四边形 BCC_1B_1 的前面为正前方画出的三视图正确的是(　　).

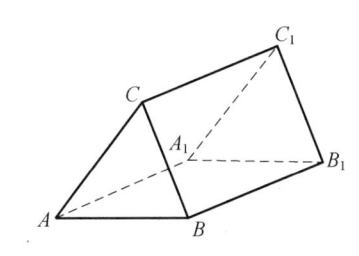

主视图	左视图	主视图	左视图
俯视图		俯视图	
A		B	
主视图	左视图	主视图	左视图
俯视图		俯视图	
C		D	

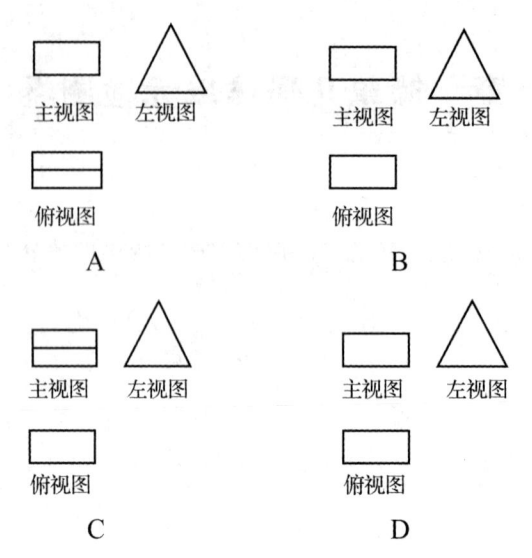

7. 如图所示，在四棱柱 $ABCD-A_1B_1C_1D_1$ 中，底面 $ABCD$ 是正方形，$A_1A \perp$ 底面 $ABCD$，$A_1A=4$，$AB=1$，那么该四棱柱的体积为（　　）．

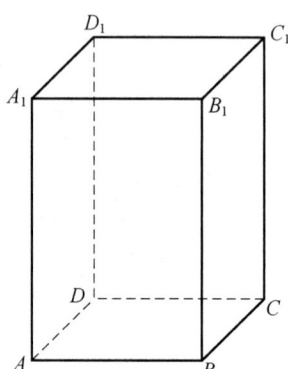

A. 1

B. 2

C. 4

D. 8

8. 已知正四棱锥的高为3，底面边长为 $\sqrt{2}$，则该棱锥的体积为（　　）．

A. 6　　　　B. $3\sqrt{2}$　　　　C. 2　　　　D. $\sqrt{2}$

二、多选题

9. 圆柱的侧面展开图是长为 4 cm，宽为 2 cm 的矩形，则这个圆柱的体积可能是（　　）．

A. 8π cm³　　　　　　　　　　B. $\dfrac{8}{\pi}$ cm³

C. $\dfrac{16}{\pi}$ cm³　　　　　　　　D. $\dfrac{4}{\pi}$ cm³

10. 如图所示，一个圆柱和一个圆锥的底面直径和它们的高都与一个球的直径 $2R$ 相等，下列结论中正确的是（　　）．

A. 圆柱的侧面积为 $4\pi R^2$

B. 圆锥的侧面积为 $\sqrt{5}\pi R^2$

C. 圆柱的侧面积与球面面积相等

D. 三个几何体的表面积中，球的表面积最小

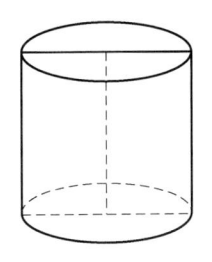

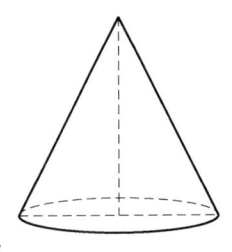

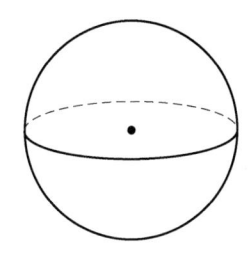

11. 已知某球的表面积为 16π，则下列说法中正确的是(　　).

A. 球的半径为 2
B. 球的体积为 10π
C. 球的体积为 $\dfrac{32}{3}\pi$
D. 球的半径为 1

12. 正三棱锥底面边长为 3，侧棱长为 $2\sqrt{3}$，则下列叙述中正确的是(　　).

A. 正三棱锥高为 3
B. 正三棱锥的斜高为 $\dfrac{\sqrt{39}}{2}$
C. 正三棱锥的体积为 $\dfrac{27\sqrt{3}}{4}$
D. 正三棱锥的侧面积为 $\dfrac{9\sqrt{39}}{4}$

三、填空题

13. 正四棱锥的所有棱长均为 1，则它的体积是 _____.

14. 圆柱的底面半径为 1，高为 2，则其表面积为 _____.

15. 已知球的体积是 $\dfrac{9\pi}{2}$，则该球的半径为 _____.

16. 若圆锥的轴截面是边长为 2 的等边三角形，则该圆锥顶点到底面的距离为 _____.

四、解答题

17. 若圆柱底面直径和高都等于球的直径，求圆柱与球的表面积之比.

18. 若正四棱锥底面边长为 a，侧棱与底面成 $60°$ 角，求正四棱锥的侧棱长和斜高.

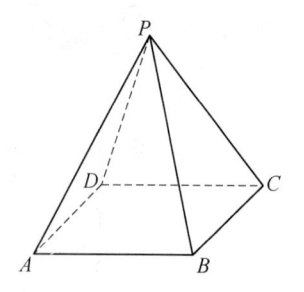

19. 画出该几何体的主视图、左视图、俯视图.

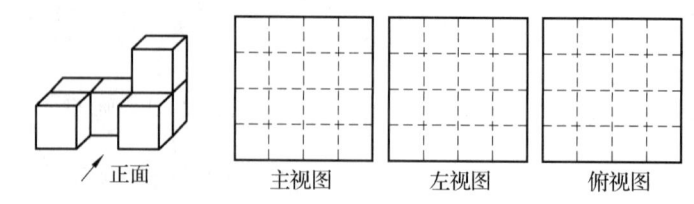

20. 如图所示，四面体 $P-ABC$ 的各棱长均为 3，求它的表面积.

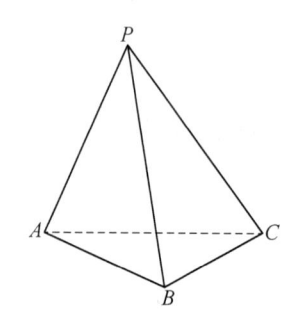

21. 圆锥的母线长为 20，母线与轴的夹角为 $30°$，求圆锥的高 h 和底面面积 S.

22. 已知棱长为 4 的正方体 $ABCD-A_1B_1C_1D_1$，则此正方体外接球和内切球的体积各是多少？

第七章　简单几何体单元检测卷(B)

一、单选题

1. 一个几何体的三视图如图所示，则该几何体的表面积 $S=$（　　）．

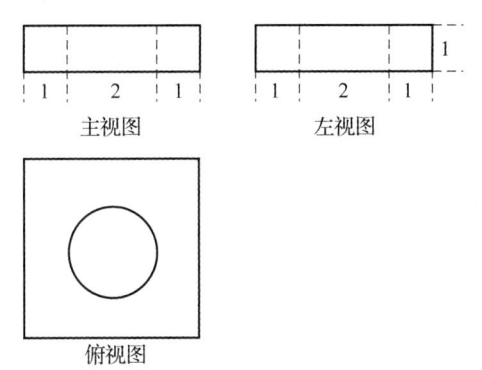

   A. 26　　　B. 36　　　C. 48　　　D. 35

2. 已知圆锥的侧面展开图是一个半径为 4，弧长为 4π 的扇形，则该圆锥的表面积为（　　）．

   A. 4π　　　B. 8π　　　C. 12π　　　D. 20π

3. 已知一个圆柱体积为 π，底面半径为 $\sqrt{3}$，则与此圆柱同底且体积相同的圆锥的侧面积为（　　）．

   A. $\sqrt{3}\pi$　　　B. $2\sqrt{3}\pi$　　　C. $3\sqrt{3}\pi$　　　D. $4\sqrt{3}\pi$

4. 设正四棱柱的一条对角线长为 3，它的底面积为 4，则它的体积为（　　）．

   A. 4　　　B. 8　　　C. $\dfrac{112}{27}$　　　D. 4 或 $\dfrac{112}{27}$

5. 将长方体截去一个四棱锥后得到的几何体如图所示，则该几何体的俯视图为（　　）．

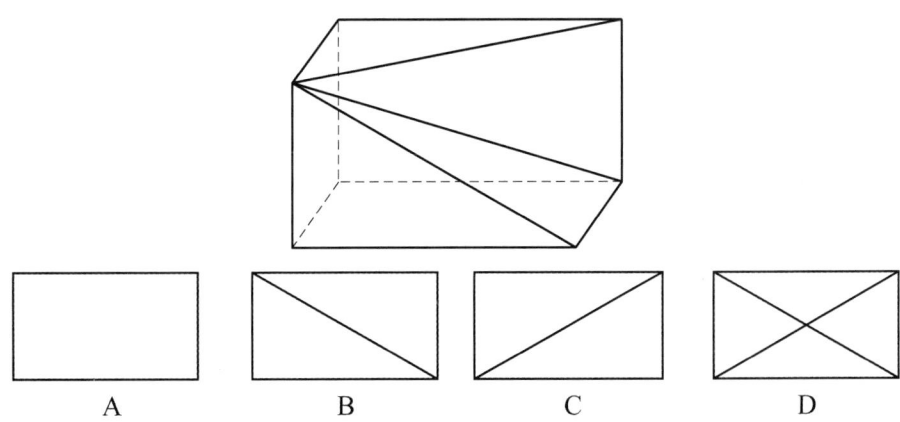

6. 已知底面半径为 $\sqrt{2}$ 的圆锥的侧面积与半径为 1 的球的表面积相等，则圆锥的母线长为（　　）.

A. $\sqrt{2}$　　　　B. 2　　　　C. $2\sqrt{2}$　　　　D. 4

7. 若棱长为 $2\sqrt{3}$ 的正方体的顶点都在同一球面上，则该球的表面积为（　　）.

A. 36π　　　　B. 24π　　　　C. 12π　　　　D. 9π

8. 已知正三棱柱 $ABC-A_1B_1C_1$ 的底面边长为 2，侧棱长为 $\sqrt{3}$，则三棱锥 A_1-B_1BC 的体积为（　　）.

A. $\dfrac{1}{2}$　　　　B. $\dfrac{\sqrt{3}}{2}$　　　　C. 1　　　　D. $\sqrt{3}$

二、多选题

9. 用斜二测画法画水平放置的平面图形的直观图时，下列结论中正确的是（　　）.

A. 相等的线段在直观图中仍然相等

B. 平行的线段在直观图中仍然平行

C. 一个角的直观图仍是一个角

D. 相等的角在直观图中仍然相等

10. 已知某圆锥的母线长为 3，其侧面展开图是面积为 3π 的扇形，则（　　）.

A. 该扇形的弧长为 π　　　　B. 该扇形的圆心角为 $\dfrac{2\pi}{3}$

C. 该圆锥的底面半径为 1　　　　D. 该圆锥的体积为 $\dfrac{2\sqrt{2}}{3}\pi$

11. 将长和宽分别为 4 和 3 的矩形绕其一边所在直线旋转一周得到的几何体的体积可能为（　　）.

A. 9π　　　　B. 12π　　　　C. 36π　　　　D. 48π

12. 已知圆锥底面半径为 $\sqrt{3}$，母线长为 2，则（　　）.

A. 圆锥侧面积为 $2\sqrt{3}\pi$

B. 圆锥的侧面展开图中，扇形的圆心角为 $\sqrt{3}\pi$

C. 圆锥的体积为 2π

D. 过顶点的截面三角形的面积最大值为 $\sqrt{3}$

三、填空题

13. 已知底面边长为 4 的正三棱柱侧面积为 9，则其体积为_____.

14. 若用与球心的距离为 $\sqrt{3}$ 的平面截球体所得的圆面半径长为 1，则球的表面积为_____.

15. 一个立方体内接于一个球,则该立方体与该球体表面积的比值为_____.

16. 圆锥底面半径为3,其侧面展开图是一个圆心角为$\dfrac{2\pi}{3}$的扇形,则此圆锥的侧面积为_____.

四、解答题

17. 如图所示,若正四棱锥底面边长为a,侧棱与底面成$60°$角,求正四棱锥的侧棱长和斜高.

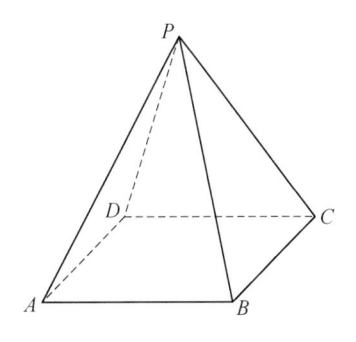

18. 在$\triangle ABC$中,$\angle C=90°$,$AC=20$ cm,$BC=15$ cm.以直线AB为轴把这个直角三角形旋转一周,求所得的旋转体的表面积.

19. 用斜二测画法画出边长为2 cm的正三角形的直观图.

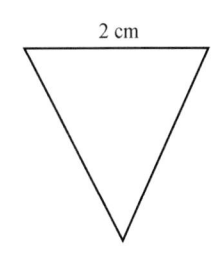

20. 已知长方体的长、宽、高之比为 $3:2:1$，对角线长是 $2\sqrt{14}$，求此长方体的表面积和体积.

21. 已知正三棱锥底面边长是 2，高是 4. 求该正三棱锥的表面积.

22. 图所示为一个几何体的三视图，根据图中数据，该几何体的表面积是多少？

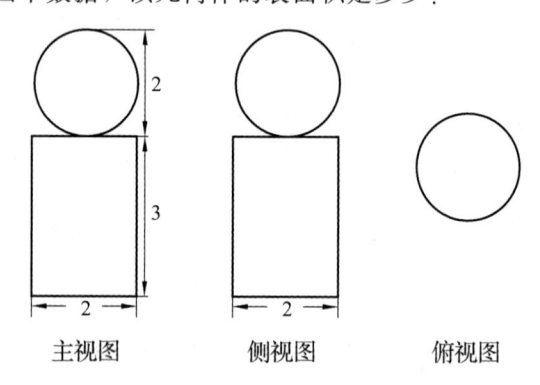

主视图　　　　侧视图　　　　俯视图

第八章 概率与统计初步

8.1 随机事件

8.1.1 随机事件的概念

【学习目标】

知识目标：

理解随机现象、随机事件的有关概念.

技能目标：

能够判断一个事项是否为随机事件.

素养目标：

在初中基础上进一步提升学生将生活问题数学化的能力，培养学生的数学抽象素养.

【学习重点】

理解随机事件及其相关概念.

【学习难点】

能够区分必然现象和随机现象，会用集合语言表示一个随机试验的样本空间与随机事件.

【导学】

一、导入：创设情景，导入课题

结合各位同学的生活经验，大家对于某一个现象是否会发生能够给出三个结论：一定不会发生、有可能发生以及一定会发生. 那么，你能否结合自己的生活经验，说一说下列现象是否一定会发生.

（1）已知小明周一从学校到家用时 25 min，周二从学校到家用时 26 min，那么小明周三从学校到家用时 27 min.

(2)在五子棋比赛中,如果小红先构建五颗棋子在一条直线上,那么判定小红胜利.

(3)在自然界中,植物没有阳光也能茁壮生长.

显然,在上述情景中,小明周三回家用时不一定是 27 min;按照五子棋比赛规则,小红一定会被判定为胜利;在自然界中,植物在没有阳光的状态下不可能茁壮成长.

二、精讲:突出重点,突破难点

当某一类现象的发生结果能够被准确预测时,此类现象称为必然现象;当某一类现象的发生结果不确定时,此类现象称为随机现象. 在上述三个现象中,(1)是随机现象,(2)是必然现象,(3)是不可能现象.

【思考】必然现象发生的结果一共有几种情况?

结合必然现象和随机现象的特征,本章主要针对随机现象展开研究.

为了发现随机现象产生的规律,数学家们采取观察试验的方法对其展开研究. 在确保观察试验的开展条件相同的情况下,我们将观察随机现象的试验称为随机试验,简称为试验. 例如,投掷一枚质地均匀的骰子,观察所得点数就是一个随机试验. 在随机试验中产生的试验结果是不确定的,因此,我们引入如下几个概念:

样本点:随机试验中每一种可能出现的结果,通常用小写希腊字母 ω 表示.

样本空间:由所有样本点组成的集合,通常用大写希腊字母 Ω 表示.

随机事件:样本空间 Ω 的任意一个非空真子集,简称事件,通常用大写字母 A,B,C,…表示.

基本事件:随机事件中的任意一个元素.

例如,在投掷一枚质地均匀的骰子,观察所得点数这个随机试验中,所得到的点数只可能是 1,2,3,4,5,6 这六种情况. 所以这个试验的样本点就是 1,2,3,4,5,6,样本空间 $\Omega=\{1,2,3,4,5,6\}$. 结合前面所学,我们可知该样本空间的非空真子集共有 6^2 个,如 $\{1\}$,$\{2,3\}$,$\{4,5,6\}$ 等,这 6^2 个非空真子集都是该随机试验的随机事件,每一个随机事件中的数字都是一个基本事件.

【思考】你还记得一个集合的子集、真子集、非空子集、非空真子集分别怎么求吗?

在前面集合的学习中,我们知道集合与集合之间的关系还存在两个需要考虑的特殊情况,即该集合本身与空集.

结合上面结论,我们知道 $\{4,5,6\}$ 是一个随机事件,如果已知这个随机事件发生,那么投掷骰子得到的点数必然是 4,5,6 中的一个;反之,如果投掷骰子得到的数字是 4,5,6 中的一个,那么随机事件 $\{4,5,6\}$ 必然发生. 由此可知,如果投掷出来的数字是 2,那么随机事件 $\{4,5,6\}$ 不发生.

可见，对于投掷出来的数字，会导致一个试验的诸多随机事件有可能发生也有可能不发生．但是，由于样本空间 Ω 包含了随机试验的所有可能结果，因此不管投掷出来的数字是几，事件 Ω 都会发生，因此称 Ω 为必然事件．相反，对于空集而言，不管投掷出来的数字是几，空集都不会发生，因此称空集($\varnothing$)为不可能事件．

【思考】为什么样本空间 Ω 也可以称为事件？

【互学】

三、合作：自主学习，小组合作

例 1 下面的事件：

(1)如果 a，b 都是实数，那么 $ab=ba$；

(2)从标有 1，2，3，4，5，6 的 6 张号签中任取一张，得到 5 号签；

(3)$3+5>10$．

其中，是必然事件的为(   )．

A.(1) B.(2) C.(3) D.(1)(2)

例 2 已知在 12 件同类产品中，有 10 件是正品，2 件次品，现任意抽取 3 件，下列事件中是必然事件的为(   )．

A. 3 件都是正品 B. 至少有 1 件正品

C. 3 件都是次品 D. 至少有 1 件次品

四、巩固：当堂检测，突破自我

1. 下列语句中，表示随机事件的是(   )．

A. 掷 3 枚骰子，出现的点数之和为 19 B. 三角形内角和为 $180°$

C. 买一张福利彩票中奖 D. 实心的铁球在水中下沉

2. 下列事件中是必然事件的为(   )．

A. 某足球运动员在点球时没进球

B. 买一张彩票，中奖

C. 在一副扑克牌中任取一张，恰好是红桃

D. 抛掷一枚骰子，点数小于 7

3. 从 10 件同种衣服(其中有 7 件合格品、3 件不合格品)中，任意抽取 4 件，观察所含不合格品的个数，这一试验中基本事件的总数为(   )．

A. 4 B. 3 C. 2 D. 1

4. 下列事件中，随机事件的个数为(　　).

①物体在只受重力的作用下会自由下落；

②方程 $x^2+2x+8=0$ 有两个实数根；

③某信息台每天的某段时间收到信息咨询的请求次数超过 10 次；

④下周六会下雨.

A. 1　　　　　B. 2　　　　　C. 3　　　　　D. 4

五、小结：画龙点睛，提纲挈领

(1)样本空间包含随机试验的所有情况；样本点组成样本空间.

(2)基本事件组成随机事件，随机事件是样本空间的非空真子集.

(3)随机现象对应随机事件；必然现象对应必然事件和不可能事件.

(4)随机试验和集合之间的联系，见下表：

随机试验	集合
样本点	元素
基本事件	
样本空间	全集
必然事件	
随机事件	全集的非空真子集
不可能事件	空集

【评学】

六、互评：多元评价，促进成长

教师综合评价表				
评价项目		评价标准	分值	得分
考勤(10%)		无无故迟到、早退、旷课现象	10	
学习过程(60%)	课前准备	课前预习工作完善，准备充分	10	
	课堂参与	能够积极参与课堂活动的开展、展示	10	
	学习态度	态度端正，无故意扰乱课堂现象	10	
	合作能力	与小组成员关系协调、合作良好	10	
	职业素养	在学习过程中能体现本专业职业素养	10	
	创新意识	在课堂上有创新意识，提出不同见解	10	

续表

评价项目		评价标准	分值	得分
学习成果 （30%）	学习完整	能按时完成各环节学习任务	10	
	作业情况	能保证课堂、课后作业正确率	10	
	成果展示	能准确表达、及时复述学习收获	10	
合计			100	

作业：课后巩固，夯实成果

一、选择题

1. 抛掷两枚均匀的骰子，下列事件是随机事件的为（　　）.

　A. 点数和为 1 　　　　　　　　　B. 点数和为 2

　C. 点数和为 13 　　　　　　　　 D. 点数和比 1 大

2. 下列事件中是随机事件的为（　　）.

　A. 三角形的内角和是 180°

　B. 抛掷一枚质地均匀的骰子，朝上的面的点数为 7

　C. 在一个不透明的盒子中装有 3 个红球和 1 个白球，从中拿出来两个球都是白球

　D. 买一张彩票中奖

3. （多选）下列事件中为随机事件的是（　　）.

　A. 在标准大气压下，10℃时，水结冰

　B. 小王买体育彩票，中奖

　C. 一个月的天数不超过 31 天

　D. 抛掷一枚硬币，出现正面朝上

4*. 一次掷甲、乙两枚骰子的试验中，基本事件的个数是（　　）.

　A. 12　　　　B. 24　　　　C. 36　　　　D. 48

二、填空题

5. 下列各事件中，是必然事件的为_____.

①随机掷一枚骰子，点数为 3；

②当 x 是实数时，$x^2 \geqslant 0$；

③定点投篮，百发百中；

④从只装有 5 个红球的袋中，随机摸出 1 个是白球.

6*. 已知一个盒中装有 4 个白球和 6 个黑球，从中任取 5 个球，设事件 $A = \{$至少有

一个是黑球},事件 B={都是白球},事件 C={至少有一个是白球},其中事件_____为必然事件,事件_____为不可能事件.

三、解答题

7. 抛掷两枚质地均匀的硬币,设事件 A="第一枚硬币正面朝上",事件 B="第二枚硬币反面朝上",写出样本空间,并列举事件 A 和事件 B 包含的样本点.

8*. 将一枚骰子先后抛掷两次,观察它们落地时朝上的面的点数.

(1)写出试验的样本空间 Ω;

(2)记"第一次出现的点数为4"为事件 A,"第一次出现的点数为4、第二次出现的点数是偶数"为事件 B,写出 A,B 所包含的样本点,并用集合的语言分析 A 与 B 的关系.

8.1.2 频率与概率

【学习目标】

知识目标:

了解频率与概率的概念,理解频率与概率之间的关系.

技能目标:

能够灵活使用概率公式.

素养目标:

培养学生逻辑推理的学科素养和提高类比的思维解决问题的意识.

【学习重点】

频率和概率的概念及关系,概率公式的灵活应用.

【学习难点】

概率的实际含义，概率在生活中的具体应用.

【导学】

一、导入：创设情景，导入课题

在上节课中，我们为了研究随机现象展开随机试验，并且通过对照集合的有关内容，将试验出现的结果和事件能否发生构建了一定的关系. 但是，仅仅知道事件是否发生，还远远达不到数学对于生活中各类随机现象规律探讨的需求. 因此，我们将对随机试验结果的产生所具备的规律开展进一步探究.

在生活中，我们有时会利用抛硬币的方式对某些事件做出决策，那么，这种抛硬币的方式为什么在长久以来都是被认可的呢？它背后隐藏的数学逻辑是什么？

二、精讲：突出重点，突破难点

对于抛硬币试验，历史上有诸多数学家都做过相同的试验，让我们来观察一下他们在这项试验中获得的数据：

试验者	抛硬币总次数	正面向上次数	反面向上次数	正面向上次数与总次数的比值	反面向上次数与总次数的比值
蒲丰	4 040	2 048	1 992	0.506 9	0.493 1
德摩根	4 092	2 048	2 044	0.500 5	0.499 5
费勒	10 000	4 979	5 021	0.497 9	0.502 1
皮尔逊	24 000	12 012	11 988	0.500 5	0.499 5
维恩	30 000	14 994	15 006	0.499 8	0.500 2

在上面的表格中，我们可以观察到，五位数学家抛硬币的次数依次增加，正面向上次数与试验总次数的比值整体上越来越接近 0.5（反面向上次数与试验总次数的比值亦然）. 如果将硬币正面向上作为随机事件，在相同条件下展开的试验总次数记作 n，那么事件 $A=\{硬币正面向上\}$ 发生的次数，记作 $m(0 \leqslant m \leqslant n)$，称为事件 A 发生的频数；正面向上次数与试验总次数的比值 $\dfrac{m}{n}$ 称为事件 A 发生的频率. 在上述试验中，假设事件 $B=\{硬币反面向上\}$，我们可以推断，当抛硬币试验总次数不断增加时，事件 A 和事件 B 发生的频率均无限接近 0.5.

一般地，在 n 次重复试验中（n 的数值一般取较大值），事件 A 发生的频率 $\dfrac{m}{n}$ 总是稳定在一个常数附近,就把这个常数称为事件 A 发生的概率,记作 $P(A)$.在上述抛硬币试验中,$P(A)=P(B)=0.5$.

由概率的定义可知

(1)对于任意事件 A,都有 $0 \leqslant P(A) \leqslant 1$.

(2)对于随机事件 B,有 $0<P(B)<1$.

(3)对于必然事件 Ω,有 $P(\Omega)=1$.

(4)对于不可能事件 $\varnothing$,有 $P(\varnothing)=0$.

【互学】

三、合作:自主学习,小组合作

例 1 概率是指(   ).

A. 事件发生的可能性大小　　　　　B. 事件发生的频率

C. 事件发生的次数　　　　　　　　D. 无任何意义

例 2 下列叙述随机事件的频率与概率的关系中,正确的是(   ).

A. 随着试验次数的增加,频率一般会越来越接近概率

B. 频率是客观存在的,与试验次数无关

C. 概率是随机的,在试验前不能确定

D. 频率就是概率

例 3 一个容量为 20 的样本数据,分组后的频数分布如下:

分组	[10,20)	[20,30)	[30,40)	[40,50)	[50,60)	[60,70)
频数	2	3	4	5	4	2

则样本数据落在区间 [30,60) 的频率为(   ).

A. 0.45　　　　B. 0.55　　　　C. 0.65　　　　D. 0.75

四、巩固:当堂检测,突破自我

1. 一个事件的概率不可能是(   ).

A. 0　　　　B. $\dfrac{1}{2}$　　　　C. 1　　　　D. 1.5

2. 下列命题中正确命题的个数是(   ).

①随机事件发生的频率就是随机事件的概率;

②某事件发生的概率是随着试验次数的变化而变化的;

③必然事件的概率为 1;

④将 1 枚质地均匀的硬币投掷 2 次,2 次都正面朝上的概率为 $\frac{1}{2}$.

A.1 个　　　　B.2 个　　　　C.3 个　　　　D.4 个

3.统计发现 200 辆汽车通过某段公路时,时速在[50,60]内的汽车的频率是 0.3,则时速在[50,60]内的汽车辆数为(　　).

A.90　　　　B.80　　　　C.60　　　　D.40

4.一名运动员在某次射击比赛中,射击了 5 次,命中 4 次,则他的命中率是(　　).

A.1　　　　B.0.8　　　　C.0.409 6　　　　D.0.081 92

五、小结:画龙点睛,提纲挈领

1.频率与具体的试验数据有关,同一个试验,即使开展的次数一样,频率也有可能不同;概率是频率的稳定值,是一个常数,是刻画一个事件发生的可能性大小的量.

2.频率和概率都应该保证取值在[0,1].

3.$P(A) = \frac{m}{n}$.

【评学】

六、互评:多元评价,促进成长

学生自评表			
评价项目	评价标准	分值	得分
考勤	无无故迟到、早退、旷课现象	10	
课前准备	课前预习工作完善,准备充分	10	
课堂参与	能够积极参与课堂活动的开展、展示	10	
学习态度	态度端正,无故意扰乱课堂现象	10	
合作能力	与小组成员关系协调、合作良好	10	
创新意识	在课堂上有创新意识,提出不同见解	10	
学习效能	学有所得,能按时按质完成课后作业	10	
数学素养	获得一定的数学抽象、逻辑推理、数学建模、数学运算、直观想象、数据分析能力	10	
职业素养	在学习过程中能体现本专业职业素养	10	
道德品质	通过学习获得一定的道德品质提升	10	
合计		100	

作业：课后巩固，夯实成果

一、选择题

1. 在进行 n 次反复试验中，事件 A 发生的频率为 $\dfrac{m}{n}$，当 n 很大时，事件 A 发生的概率 $P(A)$ 与 $\dfrac{m}{n}$ 的关系是（　　）.

   A. $P(A) \approx \dfrac{m}{n}$　　B. $P(A) < \dfrac{m}{n}$　　C. $P(A) > \dfrac{m}{n}$　　D. $P(A) = \dfrac{m}{n}$

2. 某数学兴趣小组成员的数学中考成绩如下：

   116　99　108　93　100　111　98　95　106　113

   若 102 分以上（包括 102）为优秀，则优秀率为（　　）.

   A. 0.30　　B. 0.40　　C. 0.50　　D. 0.60

3. （多选）某班有男生 25 人，其中 1 人为班长；女生 15 人．若从该班选出 1 人，作为该班的代表参加座谈会，则下列说法中正确的是（　　）.

   ①"选出 1 人是班长"的概率为 $\dfrac{1}{40}$；②"选出 1 人是男生"的概率为 $\dfrac{1}{25}$；

   ③"选出 1 人是女生"的概率为 $\dfrac{1}{15}$；④"在女生中选出 1 人是班长"的概率为 0.

   A. ①　　B. ②　　C. ③　　D. ④

4*. 容量 100 的样本数据，按从小到大的顺序分 8 组，如下：

组号	1	2	3	4	5	6	7	8
频数	10	13	x	14	15	13	12	9

   第三组的频数和频率分别是（　　）.

   A. 14 和 0.14　　B. 0.14 和 14　　C. $\dfrac{1}{14}$ 和 0.14　　D. $\dfrac{1}{3}$ 和 $\dfrac{1}{14}$

二、填空题

5. 一个容量为 20 的样本数据，分组后组距与频数如下：

组距	[10, 20)	[20, 30)	[30, 40)	[40, 50)	[50, 60)	[60, 70)
频数	2	3	4	5	4	2

   则样本在区间 [20, 50) 上的频率为 _____ .

6*. 某品牌产品,在男士中有10%的人使用过,女士中有40%的人使用过,则从男女人数相同的人群中任选一人,恰好使用过该产品的概率是_____.

三、解答题

7. 对生产的一批乒乓球进行检查,结果如下表:

抽取球数 n	50	100	200	500	1 000	2 000
优等品数 m	45	92	194	470	954	1902
优等品频率 $\frac{m}{n}$						

(1)计算表中优等品的各个频率;

(2)抽取一个乒乓球,求它是优等品的概率估计值.

8*. 从长沙高铁南站到黄花机场共有两条路径 L_1 和 L_2,现随机抽取 100 位从高铁站到机场的人进行调查,调查结果如下:

所用时间/min	[10, 20)	[20, 30)	[30, 40)	[40, 50)	[50, 60)
选择 L_1 的人数	2	6	16	10	6
选择 L_2 的人数	6	12	27	12	3

(1)试估计 30 min 内能从高铁站赶到机场的概率;

(2)某医疗团队急需从高铁站去机场支援某地险情,需在 40 min 内到达机场.为了尽最大可能在允许时间内赶到机场,请你从用时的角度,通过计算说明他们该如何选择路径.

8.2 古典概型

【学习目标】

知识目标：
了解古典概型的概念及特征．

技能目标：
能够通过归纳总结、类比推理的方法获得新知．

素养目标：
进一步提升学生的数形结合思想，培养学生的直观想象及数学运算素养．

【学习重点】

了解古典概型的特征．

【学习难点】

能够利用古典概型的特征解决实际问题．

【导学】

一、导入：创设情景，导入课题

在上节课中，我们得知抛硬币试验一共会出现两种试验结果：正面向上、反面向上，并且事件 $A=\{$硬币正面向上$\}$ 与事件 $B=\{$硬币反面向上$\}$ 在试验次数 n 不断增加时，两个事件的频率都接近 0.5．那么，如果投掷一枚骰子，观察所得点数，试验结果会有 1，2，3，4，5，6 这六种情况，你能否推断这六种试验结果发生的频率是多少？

二、精讲：突出重点，突破难点

严谨地说，不论是硬币还是骰子，它们都需要满足质地均匀的条件，否则投掷试验将不被认为是随机试验．

在质地均匀的前提下，我们得知：在抛硬币试验中，正面向上和反面向上这两种试验结果的概率是一样的，均为 $\dfrac{1}{2}$；同理，在投掷骰子的试验中，得到 1，2，3，4，5，6 这六种结果的概率也是相同的，均为 $\dfrac{1}{6}$．

针对上述两种随机试验，我们规定，如果一个随机试验具有如下两个性质，则称这一类随机试验为古典概型．

(1)有限性：样本空间 Ω 的样本点的总数有限.

(2)等可能性：每一次试验中，样本空间 Ω 中的各个样本点出现的可能性相等.

对于古典概型，如果样本空间 Ω 中的样本点个数为 n，事件 A 中包含的样本点个数为 m，则事件 A 发生的概率为 $P(A)=\dfrac{m}{n}$. 例如，投掷一枚质地均匀的骰子，样本空间的样本点总数为 6，事件 $A=\{$点数是偶数$\}$ 中包含的样本点数为 3，事件 A 发生的概率为 $P(A)=\dfrac{3}{6}=\dfrac{1}{2}$.

【互学】

三、合作：自主学习，小组合作

例1 从 0，$\dfrac{6}{7}$，$\sqrt{2}$，3，π 五个数中随机抽取一个数，则抽到无理数的概率是(　　).

A. $\dfrac{3}{5}$　　　　B. $\dfrac{1}{5}$　　　　C. 1　　　　D. $\dfrac{2}{5}$

例2 若从 1，2，3，4，5 中任取 5 个数字，组成没有重复数字的五位数，则"组成的五位数为偶数"的概率是(　　).

A. $\dfrac{1}{2}$　　　　B. $\dfrac{1}{5}$　　　　C. $\dfrac{2}{3}$　　　　D. $\dfrac{2}{5}$

例3 掷两枚硬币，全部正面朝上的概率为(　　).

A. $\dfrac{1}{4}$　　　　B. $\dfrac{3}{4}$　　　　C. $\dfrac{1}{3}$　　　　D. $\dfrac{1}{2}$

四、巩固：当堂检测，突破自我

1. 同时抛掷两枚硬币，至少出现一枚正面向上的概率为(　　).

A. $\dfrac{2}{3}$　　　　B. $\dfrac{1}{2}$　　　　C. $\dfrac{1}{4}$　　　　D. $\dfrac{3}{4}$

2. 一个盒子中有 20 张奖券，其中一等奖 2 张，二等奖 4 张，三等奖 8 张，小明从盒子中任取一张奖券，小明中奖的概率是(　　).

A. $\dfrac{1}{2}$　　　　B. $\dfrac{3}{5}$　　　　C. $\dfrac{7}{10}$　　　　D. $\dfrac{4}{5}$

3. 在所有的两位数中，任取一个数，这个数能被 2 整除的概率是(　　).

A. $\dfrac{5}{6}$　　　　B. $\dfrac{4}{5}$　　　　C. $\dfrac{2}{3}$　　　　D. $\dfrac{1}{2}$

4. 抛掷骰子一次，所得点数是 3 的倍数的概率是(　　).

A. $\dfrac{1}{2}$ B. $\dfrac{1}{3}$ C. $\dfrac{1}{4}$ D. $\dfrac{1}{6}$

五、小结：画龙点睛，提纲挈领

(1)古典概型需要同时满足有限性和等可能性，缺一不可.

(2)古典概型求概率，需要先求出样本空间和随机事件的样本点个数，再代入公式.

(3)古典概型中，样本空间中各样本点发生概率相同，并且总和为1.

【评学】

六、互评：多元评价，促进成长

学生互评表														
评价项目	分值	等级								评价成员（第＿＿＿组）				
										1	2	3	4	5	6
学习态度	10	优	10	良	8	中	6	差	4						
课堂纪律	10	优	10	良	8	中	6	差	4						
文明用语	10	优	10	良	8	中	6	差	4						
互帮互助	10	优	10	良	8	中	6	差	4						
学习效果	10	优	10	良	8	中	6	差	4						
创新意识	10	优	10	良	8	中	6	差	4						
参与小组活动	10	优	10	良	8	中	6	差	4						
任务单完成情况	10	优	10	良	8	中	6	差	4						
笔记情况	10	优	10	良	8	中	6	差	4						
小组贡献率	10	优	10	良	8	中	6	差	4						
合计	100														

作业：课后巩固，夯实成果

一、选择题

1.从5张不同的扑克牌中，每次任意取1张，有放回地取两次，则两次取得同一张牌的概率是(　　).

A. $\dfrac{1}{5}$ B. $\dfrac{2}{5}$ C. $\dfrac{1}{25}$ D. $\dfrac{2}{25}$

2.袋中装有6个大小相同的小球，其中3个红球，2个白球，1个黑球，从中任意取出一球，取到红球的概率为(　　).

A. $\dfrac{1}{3}$　　　　B. $\dfrac{1}{2}$　　　　C. $\dfrac{2}{3}$　　　　D. $\dfrac{1}{6}$

3.(多选)把一枚质地均匀的硬币连掷3次,恰有两次正面向上的事件可能是(　　).

A. 正,正,正　　　　　　　　B. 正,正,反

C. 正,反,正　　　　　　　　D. 反,正,正

4*.甲掷两次骰子,每次掷一枚骰子,两次都得到6点的概率为(　　).

A. $\dfrac{1}{36}$　　　　B. $\dfrac{1}{6}$　　　　C. $\dfrac{1}{2}$　　　　D. 大于$\dfrac{1}{6}$

二、填空题

5. 一枚骰子连续投2次,点数和为4的概率为_____.

6*.抛掷两枚骰子,"总数出现6点"的概率为_____.

三、解答题

7. 一批产品有30个,其中含有3个次品,从中随机抽取1个.

(1)求这个产品是次品的概率;

(2)求这个产品是正品的概率.

8*.某商场举行购物抽奖促销活动,规定每位顾客从装有编号为0,1,2,3四个相同小球的抽奖箱中,每次取出一个球记下编号后放回,连续取两次.若取出的两个小球号码相加之和等于6,则中一等奖;若等于5,则中二等奖;若等于4或3,则中三等奖.

(1)求中三等奖的概率;

(2)求中奖的概率.

8.3 概率的简单性质

【学习目标】

知识目标：

了解互斥事件、和事件的概念，掌握互斥事件的概率加法公式.

技能目标：

能够利用加法公式计算互斥事件的概率，能抽象互斥事件的特征.

素养目标：

培养和提升数学运算和数学建模核心素养.

【学习重点】

能够利用加法公式计算互斥事件的概率.

【学习难点】

能够抽象互斥事件的特征.

【导学】

一、导入：创设情景，导入课题

在投掷骰子的过程中，我们设定如下事件：事件 $A=\{$得到点数为 $1\}$，事件 $B=\{$得到点数为 $2\}$，事件 $C=\{$得到点数为 $3\}$，事件 $D=\{$得到点数为 $4\}$，事件 $E=\{$得到点数为 $5\}$，事件 $F=\{$得到点数为 $6\}$. 上述六个随机事件具备怎样的特点呢？事件 $G=\{$得到点数不大于 $2\}$ 与事件 $H=\{$得到点数不小于 $4\}$ 两者之间又有何关系呢？

二、精讲：突出重点，突破难点

可以看出，当事件 A 发生时，事件 B，C，D，E，F 均不会发生. 同理，当六个事件中的任何一个事件发生时，其他五个事件都不会发生. 事件 G 发生时事件 H 必然不会发生，反之亦然. 同样当事件 G 发生时，得到的点数是 1 或者 2，因此导致事件 A 和事件 B 必然至少有一个发生；当事件 H 发生时，得到的点数可能是 4，5，6，因此事件 D，E，F 中至少有一个发生.

当一个事件发生，另一个事件必然不会发生时，这两个事件称为互斥事件. 当事件 G 发生时，如果事件 A 或事件 B 必然至少有一个发生，则称事件 G 是事件 A 和事件 B 的和事件，记作 $G=A\cup B$.

特别地，如果事件 A 和事件 B 互斥，则 $P(A\bigcup B)=P(A)+P(B)$，这就是互斥事件的概率加法公式.

【互学】

三、合作：自主学习，小组合作

例1 在投掷骰子的试验中投出的数字不小于 4 的概率是(　　).

A. $\dfrac{1}{6}$　　　　B. $\dfrac{1}{4}$　　　　C. $\dfrac{1}{3}$　　　　D. $\dfrac{1}{2}$

四、巩固：当堂检测，突破自我

1. 下列命题中正确的是(　　).

A. 某两个事件的和事件发生的概率有可能大于 1

B. 两个互斥事件的概率之和一定是 1

C. 两个互斥事件中如果有一个发生，另一个必然不会发生

D. 两个事件的和事件必须是两个事件同时发生

2. 已知某校上午安排四节课，对于某学生的课表，事件 $A=\{$早上有三节语文课$\}$，事件 $B=\{$早上有两节数学课$\}$，事件 $C=\{$早上有一节英语课$\}$. 则下列说法中正确的是(　　).

A. 事件 A 与事件 B 是互斥事件　　　　B. 事件 A 与事件 C 是互斥事件

C. 事件 B 与事件 C 是互斥事件　　　　D. 以上说法都不正确

3. 某学生笔袋里有 5 支笔，其中 2 支黑色，2 支蓝色，1 支红色，现在从笔袋里随机抽取一支笔，那么这支笔不是红笔的概率是(　　).

A. $\dfrac{1}{5}$　　　　B. $\dfrac{2}{5}$　　　　C. $\dfrac{3}{5}$　　　　D. $\dfrac{4}{5}$

4. 某工厂生产一批产品，已知样本的 5 件产品中，有 3 件正品，2 件次品，从中再次抽取 2 件产品进行检验，那么以下几对事件中是互斥事件的是(　　).

A. 恰有一件次品和恰有两件次品

B. 至少有一件次品和全部是次品

C. 至少有一件正品和至少有一件次品

D. 至少有一件次品和全部是正品

五、小结：画龙点睛，提纲挈领

(1)互斥事件不能同时发生.

（2）两个互斥事件必须是样本空间的子集.

【评学】

六、互评：多元评价，促进成长

教师综合评价表			
评价项目		评价标准	分值	得分
考勤（10％）		无无故迟到、早退、旷课现象	10	
学习过程（60％）	课前准备	课前预习工作完善，准备充分	10	
	课堂参与	能够积极参与课堂活动的开展、展示	10	
	学习态度	态度端正，无故意扰乱课堂现象	10	
	合作能力	与小组成员关系协调、合作良好	10	
	职业素养	在学习过程中能体现本专业职业素养	10	
	创新意识	在课堂上有创新意识，提出不同见解	10	
学习成果（30％）	学习完整	能按时完成各环节学习任务	10	
	作业情况	能保证课堂、课后作业正确率	10	
	成果展示	能准确表达、及时复述学习收获	10	
合计			100	

作业：课后巩固，夯实成果

一、选择题

1. 某人在打靶中连续射击两次，事件"至少有一次中靶"的互斥事件是（　　）.

   A. 至多有一次中靶　　　　　　B. 两次都中靶

   C. 只有一次中靶　　　　　　　D. 两次都不中靶

2. 下列选项中与事件"三角形一个内角是60°"是互斥事件的是（　　）.

   A. "三角形中有一个角是直角"　　B. "三角形中有一个角是钝角"

   C. "三角形中有两个角是锐角"　　D. "三角形中另外两个角都是50°"

3. （多选）下列事件中，是互斥事件的为（　　）.

   A. 在抛硬币试验中，事件 $A=${硬币正面向上} 与事件 $B=${硬币反面向上}

   B. 在投掷骰子试验中，事件 $A=${得到点数不大于2} 与事件 $B=${得到点数为奇数}

   C. 某工厂检验产品时，事件 $A=${合格率是0.7} 与事件 $B=${不合格率是0.5}

   D. 在扑克牌中任意抽取一张牌，事件 $A=${抽到大王} 与事件 $B=${抽到小王}

4*. 某产品在检验过程中分为甲、乙、丙、丁四个级别，其中甲级表示为精品，乙级表示为合格品,丙和丁均为次品,如果生产中产生乙级概率为0.35,产生丙级的概率是0.2,产生丁级的概率是0.15,那么生产一件产品是精品的概率是(　　).

A．0.35　　　　B．0.2　　　　C．0.3　　　　D．0.15

二、填空题

5．某随机事件发生的概率是0.7,那么这个事件不发生的概率是_____．

6*．某动物保护协会为了研究某地域野生动物生活习性,在某处放置了一件新研发且不会对动物造成伤害的捕兽设备,已知该设备捕获哺乳动物的概率是0.8,捕获鸟类的概率是0.6,那么放置该捕兽设备没有捕获到鸟类的概率是_____．

三、解答题

7．某运动员在射击训练中,命中10环的概率是0.2,命中9环的概率是0.25,命中8环的概率是0.3,已知该运动员命中环数低于7环的概率为0.

(1)求该运动员命中环数不低于8环的概率;

(2)求该运动员命中7环的概率．

8*．已知在一个不透明的袋子中,有5个红球,4个黑球,3个蓝球,2个黄球,1个白球．

(1)求随机摸出一球是红球的概率;

(2)求随机摸出一球既不是红球也不是白球的概率;

(3)求随机摸出一球是黑球或者蓝球的概率．

8.4 抽样方法

8.4.1 简单随机抽样

【学习目标】

知识目标：

了解统计的基本思想；理解总体、个体、样本和样本容量等概念，了解简单随机抽样的概念.

技能目标：

能够结合实际生活，理解简单随机抽样的特点，并熟练应用.

素养目标：

培养和提升数据分析素养和问题解决能力.

【学习重点】

理解总体、个体、样本、样本容量和随机抽样的概念.

【学习难点】

能够结合实际情况正确使用简单随机抽样解决问题.

【导学】

一、导入：创设情景，导入课题

前面我们通过抛掷硬币和投掷骰子两个随机试验结果的研究，得出了硬币的正反面和骰子出现的点数在经过大量的试验观察后，每一种情况出现的概率是一致的，并且在试验开展之前，我们就已经能够从某种程度上预测试验会出现的结果. 但是，对于试验结果不确定的，我们需要采取一定的措施去获得相关的试验数据，这种获取、整理、分析数据资料并得出现象规律和本质的理论研究被称为统计.

通常情况下，不可能将所有数据来源对象一一调查统计，所以将采取一些合理的方式在所有的调查研究对象中选取一部分研究对象进行分析，并由部分推论所有研究对象的大致情况.

从全部调查研究对象中，抽选一部分对象进行调查、研究、分析和观测数据，并据以对全部调查研究对象做出估计和推断的调查方法叫作抽样调查.

在统计中,我们将所有的研究对象称为总体;总体中的每一个对象称为个体;抽样调查中被选中的对象组成的集合称为总体的样本;样本中个体的数量称为样本量,也称为样本容量.

也就是说,通常情况下通过对样本的研究来推测总体.那么如何从总体中抽取样本才能有效代表总体就成了一个比较关键的问题.

假设某班级现有学生50名,为开展"节约资源"主题班会,现从中选取5名学生调查该生家庭每月用电量和用水量,请问,该班主任应该如何选取这5名学生呢?

二、精讲:突出重点,突破难点

一般地,假设一个总体含有N(N为正整数)个个体,从中逐个不放回地抽取n($1 \leqslant n \leqslant N$)个个体作为样本,且每次抽取时样本的每一个个体被抽取到的概率都相等,这种抽样方法叫作简单随机抽样.

简单随机抽样通常使用抽签法和随机数法.

抽签法的操作步骤:

(1)编号:将总体中的N个个体从1至N逐一编号;

(2)做签:制作编号为1至N的签;

(3)抽签:将做好的签放置在不透明的容器中,摇匀,从中不放回地逐个抽取n个签;

(4)取样:根据抽取出的n个签上的编号,找到对应的个体,就得到了一个容量为n的样本.

随机数法的操作步骤:

(1)编号:将总体中的N个个体从1至N逐一编号;

(2)获得随机数:通过计算机、随机数表或者随机数骰子产生;

(3)选号:在随机数表中随意取到某一行某一列的一个数字,在这个数字的基础上按照一定的方向(向左、向右、向上、向下均可)依次选取与编号范围相同的数字(最高数位是个位,就选一位数;最高数位是百位,就选三位数……),舍去数值超出N的数字和重复出现的数字,直到选取n个有效的随机号;

(4)取样:按照抽取的随机号,找到对应的个体,就得到了一个容量为n的样本.

【互学】

三、合作:自主学习,小组合作

例1 假设某班级现有学生50名,为开展"节约资源"主题班会,现从中选取5名学生调查该生家庭每月用电量和用水量,请问,该班主任应该如何利用抽签法选取这5名学生呢？

例 2 假设某班级现有学生 50 名，为开展"节约资源"主题班会，现从中选取 5 名学生调查该生家庭每月用电量和用水量，请问，该班主任应该如何利用随机数法选取这 5 名学生呢？

随机数表

03 47 43 73 86	36 96 47 36 61	46 98 63 71 62	33 26 16 80 45	60 11 14 10 95
97 74 24 67 62	42 81 14 57 20	42 53 32 37 32	27 07 36 07 51	24 51 79 89 73
16 76 62 27 66	56 50 26 71 07	32 90 79 78 53	13 55 38 58 59	88 97 54 14 10
12 56 85 99 26	96 96 68 27 31	05 03 72 93 15	57 12 10 14 21	88 26 49 81 76
55 59 56 35 64	38 54 82 46 22	31 62 43 09 90	06 18 44 32 53	23 83 01 30 30
16 22 77 94 39	49 54 43 54 82	17 37 93 23 78	87 35 20 96 43	84 26 34 91 64
84 42 17 53 31	57 24 55 06 88	77 04 74 47 67	21 76 33 50 25	83 92 12 06 76
63 01 63 78 59	16 95 55 67 19	98 10 50 71 75	12 86 73 58 07	44 39 52 38 79
33 21 12 34 29	78 64 56 07 82	52 42 07 44 38	15 51 00 13 42	99 66 02 79 54
57 60 86 32 44	09 47 27 96 54	49 17 46 09 62	90 52 84 77 27	08 02 73 43 28
18 18 07 92 45	44 17 16 58 09	79 83 86 19 62	06 76 50 03 10	55 23 64 05 05
26 62 38 97 75	84 16 07 44 99	83 11 46 32 24	20 14 85 88 45	10 93 72 88 71
23 42 40 64 74	82 97 77 77 81	07 45 32 14 08	32 98 94 07 72	93 85 79 10 75
52 36 28 19 95	50 92 26 11 97	00 56 76 31 38	80 22 02 53 53	86 60 42 04 53
37 85 94 35 12	83 39 50 08 30	42 34 07 96 88	54 42 06 87 98	35 85 29 48 39

四、巩固：当堂检测，突破自我

1. 抽样调查在抽取调查对象时(　　).

   A. 按一定的方法抽取　　　　　B. 随便抽取

   C. 全部抽取　　　　　　　　　D. 根据个人的爱好抽取

2. 对于简单随机抽样，个体被抽到的机会(　　).

   A. 相等　　　　　　　　　　　B. 不相等

   C. 不确定　　　　　　　　　　D. 与抽取的次数有关

3. 下列调查中，适合采用抽样调查方式的是(　　).

   A. 调查某市中学生每天体育锻炼的时间

   B. 调查某班学生对"众享教育"的知晓率

   C. 调查一架"歼 20"隐身战机各零部件的质量

   D. 调查北京奥运会 100 m 参赛运动员兴奋剂的使用情况

4. 总体由编号为 01, 02, …, 29, 30 的 30 个个体组成. 利用所给的随机数表选取 6 个个体, 选取的方法是从随机数表第 1 行的第 3 列和第 4 列数字开始, 由左到右一次选取两个数字, 则选出来的第 5 个个体的编号为( ).

     1712 1340 3320 3826 1389 5103 7417 7637
     1304 0774 2119 3056 6218 3735 9683 5087

A. 20   B. 26   C. 17   D. 03

五、小结：画龙点睛，提纲挈领

(1) 简单随机抽样必须保证总体中每一个个体被抽到的机会是相同的.

(2) 简单随机抽样适用于个体数量少的抽样试验.

(3) 简单随机抽样需要不放回逐个抽取.

(4) 随机数表虽然为了观看美观按照两两排列的方式出现，但其本质是由 0 至 9 十个数字随机排列.

(5) 随机数表选取随机号的方向是任意的.

【评学】

六、互评：多元评价，促进成长

学生自评表			
评价项目	评价标准	分值	得分
考勤	无无故迟到、早退、旷课现象	10	
课前准备	课前预习工作完善，准备充分	10	
课堂参与	能够积极参与课堂活动的开展、展示	10	
学习态度	态度端正，无故意扰乱课堂现象	10	
合作能力	与小组成员关系协调、合作良好	10	
创新意识	在课堂上有创新意识，提出不同见解	10	
学习效能	学有所得，能按时按质完成课后作业	10	
数学素养	获得一定的数学抽象、逻辑推理、数学建模、数学运算、直观想象、数据分析能力	10	
职业素养	在学习过程中能体现本专业职业素养	10	
道德品质	通过学习获得一定的道德品质提升	10	
合计		100	

作业：课后巩固，夯实成果

一、选择题

1. 下列抽取样本的方式属于简单随机抽样的有（　　）个.

①盒子里共有80个零件，从中选出5个零件进行质量检验. 在抽样操作时，从中任意拿出一个零件进行质量检验后再把它放回盒子里.

②从20件玩具中一次性抽取3件进行质量检验.

③某班有56名学生，指定个子最高的5名学生参加学校组织的篮球赛.

A. 3　　　　B. 2　　　　C. 1　　　　D. 0

2. 某班共有52人，现根据学生的学号，用简单随机抽样的方法，抽取一个容量为4的样本，已知3号、29号、42号学生在样本中，那么样本中还有一个学生的学号可能是（　　）.

A. 3　　　　B. 29　　　　C. 42　　　　D. 16

3. （多选）从学号为1～50的高一某班50名学生中随机选取5名学生参加数学测试，采用简单随机抽样的方法，则所选5名学生的学号可能是（　　）.

A. 1，2，3，4，5　　　　　　B. 2，4，6，8，10

C. 4，14，24，34，44　　　　D. 5，16，27，38，49

4*. 福利彩票"双色球"中红色球的号码可从编号为01，02，…，33的33组数中随机选取，某彩民利用下面的随机数表选取6组数作为6个红色球的号码，选取方法是从下列随机数表中第1行第6列的数字开始由左到右依次选取两个数字，则选出来的第6个红色球的号码为（　　）.

49	54	43	54	82	17	37	93	23	78	87	35	20	96	43	84	26	34	91	64
57	24	55	06	88	77	04	74	47	67	21	76	33	50	25	83	92	12	06	76

A. 23　　　　B. 09　　　　C. 02　　　　D. 17

二、填空题

5. 从70件产品中随机抽取8件产品进行检验，这个抽样的总体是＿＿＿＿＿＿＿，样本是＿＿＿＿＿＿＿.

6*. 一个总体中含有100个个体，以简单随机抽样方式从该总体中抽取一个容量为5的样本，则指定的某个个体被抽到的可能性为＿＿＿＿＿＿＿.

三、解答题

7. 某快餐店每天中午可以生产盒饭100盒，为了了解盒饭的质量，要从中抽取一个容量为 10 的样本,如果采用简单随机抽样的方法,请简要说明具体操作步骤.

8*. 判断下列抽样方法中哪些是简单随机抽样:

(1)某班级有 50 名学生,从中选取 15 名男生进行成绩统计分析;

(2)为估计某市居民假期出游情况,记者从某小区某单元楼选取调查对象;

(3)在迎新晚会中,学校领导将全校所有师生的姓名写在纸上,放进抽奖箱后摇匀,抽取 20 名师生进行奖励;

(4)从无限多的个体中抽取 5 个个体作为样本.

8.4.2 系统抽样

【学习目标】

知识目标:

理解系统抽样的意义.

技能目标:

能够结合实际生活,理解系统抽样的特点,并熟练应用.

素养目标:

培养和提升数据分析素养和问题解决能力.

【学习重点】

理解系统抽样的现实意义和操作步骤.

【学习难点】

能够结合实际情况正确使用系统抽样解决问题.

【导学】

一、导入：创设情景，导入课题

某地青少年健康发展中心需要从某中学 3 000 名学生中抽取 100 名调查身体健康状况. 对于这个统计问题，如果采用简单随机抽样来抽取样本的话，会面临两个问题：第一，制作 3 000 个签号费时费力；第二，简单随机抽样抽中每一名学生的概率一样，所以抽取到的学生有可能集中于一个班级或者一个年级. 能否有一种抽样方法可以避免以上两个问题呢？

二、精讲：突出重点，突破难点

当总体容量较大，签号制作困难，签号制作好后不易混合均匀时，我们可以将总体分成均衡的若干部分，再按照预先规定，从每一部分中抽取一定数目的个体，得到需要的样本，这种抽样方法叫作系统抽样.

系统抽样的操作步骤(从容量为 N 的总体中抽取 n 个个体组成样本)：

(1)编号：将总体中的 N 个个体从 1 至 N 逐一编号；

(2)确定间隔 k：将总体平分成 n 段，即 $k=\dfrac{N}{n}$(取整数部分)；

(3)抽样：在第一段(编号为 1~k)中采用简单随机抽样的方式选取出第一个编号，记为 $m(1\leqslant m\leqslant k)$；剩下的 $(n-1)$ 个个体的编号为 $m+k$，$m+2k$，…，$m+(n-1)k$；

(4)取样：根据得到的 n 个编号，找到对应的个体，就得到了一个容量为 n 的样本.

例如，某地青少年健康发展中心需要从某中学 3 000 名学生中抽取 100 名调查身体健康状况. 我们可以先将 3 000 名学生编号为 1，2，3，…，3 000，再将 3 000 名学生分为 100 段，每一段间隔 30 号，得到第一段编号为 1~30，第二段编号为 31~60，…，以此类推. 在第一段的 30 个编号中采取简单随机抽样的方式选出一个个体(简单随机抽样过程略)，假设选出的个体编号为 7，那么剩下的 99 个个体的编号依次为 37，67，97，127，…，2 977. 然后选取编号对应的学生即可.

【互学】

三、合作：自主学习，小组合作

例 1 某班有 40 名学生，将其编号为 1，2，3，…，40，并按编号从大到小平均分成 5 组，用系统抽样方法，从该班抽出 5 名学生进行某项调查，若第一组抽出的编号为 2，则第三组抽出的编号为(   ).

A. 12   B. 18   C. 22   D. 28

例 2 要从已编号(1～60)的 60 枚最新研制的某型导弹中随机抽取 6 枚来进行发射试验,用每部分选取的号码间隔一样,则用系统抽样的方法确定所选取的 6 枚导弹的编号可能是( ).

A. 5,10,15,20,25,30　　　　　　B. 3,13,23,33,43,53

C. 1,2,3,4,5,6　　　　　　　　D. 2,4,8,16,32,48

四、巩固:当堂检测,突破自我

1. 从编号为 001,002,003,…,300 的 300 个产品中用系统抽样的方法抽取一个样本,已知样本中编号最小的两个是 003,018,则样本中最大的编号应该是( ).

A. 287　　　B. 288　　　C. 289　　　D. 300

2. 高三(1)班共有 56 人,学号依次为 1,2,3,…,56,现用系统抽样的方法抽取一个容量为 4 的样本,已知学号为 7,35,49 的学生在样本中,那么还有一个学生的学号应为( ).

A. 18　　　B. 19　　　C. 20　　　D. 21

3. 从编号为 1～50 的 50 枚最新研制的某种型号的导弹中随机抽取 5 枚来进行发射试验,若采用系统抽样的方法,则所选取的 5 枚导弹可能为( ).

A. 3,13,23,33,43　　　　　　B. 5,10,15,20,25

C. 1,2,3,4,5　　　　　　　　D. 24,6,16,32,50

4. 从 123 个号码中抽取 12 个号码入样,若采用系统抽样的方法进行抽取,则剔除编号的个数及分段间隔分别是( ).

A. 3,10　　　B. 10,12　　　C. 5,10　　　D. 5,12

五、小结:画龙点睛,提纲挈领

(1)系统抽样必须保证总体中每一个个体被抽到的机会是相同的.

(2)系统抽样适用于个体数量多的抽样试验.

(3)系统抽样需要抽取的样本数量是多少,就将总体容量分成多少段. 在第一段中采取简单随机抽样,剩下的编号采取第一段中抽取的编号上依次加上间隔的整数倍.

(4)系统抽样得到的个体编号必然是以 $k\left(k=\dfrac{N}{n}\text{取整数}\right)$ 为公差的等差数列.

(5)若 $k=\dfrac{N}{n}$ 不能整除,需要先对总体容量 N 中剔除 $N-nk$ 个个体,然后对剩下的个体重新编号、分段、取样.

【评学】

六、互评：多元评价，促进成长

学生互评表														
评价项目	分值	等级							评价成员（第_____组）					
									1	2	3	4	5	6
学习态度	10	优	10	良	8	中	6	差	4					
课堂纪律	10	优	10	良	8	中	6	差	4					
文明用语	10	优	10	良	8	中	6	差	4					
互帮互助	10	优	10	良	8	中	6	差	4					
学习效果	10	优	10	良	8	中	6	差	4					
创新意识	10	优	10	良	8	中	6	差	4					
参与小组活动	10	优	10	良	8	中	6	差	4					
任务单完成情况	10	优	10	良	8	中	6	差	4					
笔记情况	10	优	10	良	8	中	6	差	4					
小组贡献率	10	优	10	良	8	中	6	差	4					
合计	100													

作业：课后巩固，夯实成果

一、选择题

1. 有 100 位因酒驾拘留的人员，编号是 1～100，现从中抽取 5 人做问卷调查，用系统抽样法抽取的编号可能是（　　）．

A. 5，10，15，20，25　　　　　　B. 2，22，42，62，82

C. 2，4，6，8，10　　　　　　　　D. 10，20，30，40，50

2. 总体容量为 203，若采用系统抽样法抽样，当抽样间距为多少时不需要剔除个体？（　　）

A. 4　　　　B. 5　　　　C. 6　　　　D. 7

3. （多选）从学号为 1～50 的高一某班 50 名学生中随机选取 5 名学生参加数学测试，采用系统抽样的方法，则所选 5 名学生的学号可能是（　　）．

A. 11，21，31，41，51　　　　　　B. 2，4，6，8，10

C. 4，14，24，34，44　　　　　　　D. 9，19，29，39，49

4*. 某班共有 52 人，现根据学生的学号，用系统抽样的方法，抽取一个容量为 4 的样本,已知 3 号,29 号,42 号学生在样本中,那么样本中还有一个学生的学号是( ).

A. 10　　　　B. 11　　　　C. 12　　　　D. 16

二、填空题

5. 用系统抽样的方法抽到的数据如下,在横线上填上合适的数据.

(1) 7,_____,41,58,75;

(2) 21,43,65,_____,109,131.

6*. 若总体中有 1 510 个个体,现在需要用系统抽样的方法从中抽取一个容量为 32 的样本,编号后应先从总体中剔除的个体数是_____,均分_____,每段有_____个个体,若在第一段取的号码为 24,则在第 4 段取的号码为_____.

三、解答题

7. 从编号为 001,002,…,500 的 500 个产品中用系统抽样的方法抽取一个样本,已知样本中两个最小的编号分别为 007,032,则样本中最大的编号应该为多少?

8*. 判断下列哪些适合用系统抽样法.

(1) 某班级有 50 名学生,从中随机选取 15 名进行成绩统计分析;

(2) 已知某校有 3 000 名学生,其中高一年级 1 500 人,高二年级 1 000 人,高三年级 500 人,现需要从中抽取一个容量为 30 的样本;

(3) 从某厂 3 月份生产的一万只灯泡中选取 100 只进行质量测验.

8.4.3 分层抽样

【学习目标】

知识目标：

理解分层抽样的意义.

技能目标：

能够结合实际生活，理解分层抽样的特点，并熟练应用.

素养目标：

培养和提升数据分析素养和问题解决能力.

【学习重点】

理解分层抽样的现实意义和操作步骤.

【学习难点】

能够结合实际情况正确使用分层抽样法解决问题.

【导学】

一、导入：创设情景，导入课题

某地青少年健康发展中心需要从某中学 3 000 名学生中抽取 100 名调查身体健康状况. 通过前面学习，我们只解决了总体容量较大的情况可以采用系统抽样的方法，如果这 3 000 名学生中，一年级学生有 1 200 名，二年级学生有 1 200 名，三年级学生有 600 名，此时怎样抽取样本是最合理的呢？

二、精讲：突出重点，突破难点

当总体容量较大，并且总体是由具有明显差异的几部分组成时，可以先按照差异将总体分成互不重叠的几部分(在统计上称为"层")，再从每一层内抽取一定数量的个体组成样本，这种抽样方法称为分层抽样. 为了保证抽出的样本具有代表性，一般按照各层内个体数量在总体中占比抽取样本数量.

分层抽样的操作步骤：

(1) 分层：将总体按照一定标准分层；

(2) 计算占比：样本容量与总体个数的比值；

(3) 确定各层应抽取的个体数：将每一层的个体数量乘以由(2)得到的比例，确定每层需要抽取的个体数；在每一层中抽样，就得到了所需样本.

例如，对于上述问题，总体个体按照年级分成三层；所需样本100人，总体3 000人，样本容量与总体个数的比值为$\frac{100}{3\,000}=\frac{1}{30}$；一年级学生人数1 200人，需要从中抽取人数为$1\,200\times\frac{1}{30}=40$(人)，二年级也抽取40人，三年级抽取$600\times\frac{1}{30}=20$(人)．由于各个年级的个体数量较大，因此三个年级均采用系统抽样法得到样本．

【互学】

三、合作：自主学习，小组合作

例1 某林场有树苗30 000棵，其中松树苗4 000棵，为调查树苗的生长情况，采用分层抽样的方法抽取一个容量为150的样本，则样本中松树苗的数量为(　　)．

A. 30　　　　B. 25　　　　C. 20　　　　D. 15

例2 某中学有高中生3 500人，初中生1 500人，为了解学生的学习情况，用分层抽样的方法，从该校学生中抽取一个容量为n的样本，已知从高中生中抽取70人，则n为(　　)．

A. 100　　　　B. 150　　　　C. 200　　　　D. 250

四、巩固：当堂检测，突破自我

1. 我校高中生共有2 700人，其中高一年级900人，高二年级1 200人，高三年级600人，现采取分层抽样法抽取容量为135的样本，那么高一、高二、高三各年级抽取的人数分别为(　　)．

A. 45，75，15　　B. 45，60，30　　C. 30，90，15　　D. 45，45，45

2. 某学校有行政人员、教学人员、教辅人员共200人，其中教学人员与教辅人员的比例为10∶1；行政人员共有24人，现采取分层抽样的方法抽取一个容量为50的样本，那么教辅人员应该抽取(　　)．

A. 3人　　　　B. 4人　　　　C. 6人　　　　D. 8人

3. 某单位有职工750人，其中青年职工350人，中年职工250人，老年职工150人．为了了解该单位职工的健康情况，用分层抽样的方法从中抽取样本．若样本中的青年职工为7人，则样本容量为(　　)．

A. 7　　　　B. 15　　　　C. 25　　　　D. 35

五、小结：画龙点睛，提纲挈领

(1)分层抽样必须保证总体中每一个个体被抽到的机会是相同的．

(2)分层抽样适用于总体是由比较明显的几个部分组成的情况.

(3)分层抽样在每一层可以使用简单随机抽样,也可以使用系统抽样,抽样的个体数量按照样本数与总体个数的比值计算.

【评学】

六、互评:多元评价,促进成长

教师综合评价表				
评价项目		评价标准	分值	得分
考勤(10%)		无无故迟到、早退、旷课现象	10	
学习过程 (60%)	课前准备	课前预习工作完善,准备充分	10	
	课堂参与	能够积极参与课堂活动的开展、展示	10	
	学习态度	态度端正,无故意扰乱课堂现象	10	
	合作能力	与小组成员关系协调、合作良好	10	
	职业素养	在学习过程中能体现本专业职业素养	10	
	创新意识	在课堂上有创新意识,提出不同见解	10	
学习成果 (30%)	学习完整	能按时完成各环节学习任务	10	
	作业情况	能保证课堂、课后作业正确率	10	
	成果展示	能准确表达、及时复述学习收获	10	
合计			100	

作业:课后巩固,夯实成果

一、选择题

1. 在下列范围内抽样调查学生的视力,适合用分层抽样法的是( ).

A. 某校一年级有新生 200 人

B. 某校有学生 1 300 人

C. 某校二年级(1)班有学生 55 人

D. 某市有小学 90 所,初中 30 所,高中 5 所,中等职业学校 4 所,共有学生 189 000 人

2. 某校 2023 级学生共有 900 人,其中电子专业 300 人,机电专业 200 人,计算机专业 400 人,现采用分层抽样法抽取容量为 45 的样本,那么电子、机电、计算机专业抽取的人数分别为( ).

A. 10,5,30   B. 15,15,15   C. 15,5,25   D. 15,10,20

3. (多选)某年级一班有 49 人,二班有 35 人,现用分层抽样的方法抽取容量为 12 的样本,则在一班和二班中抽取的人数分别是(　　).

　　A. 7　　　　　B. 6　　　　　C. 5　　　　　D. 4

4*. 某橘子园有平地和山地共 120 亩,现在要估计平均亩产量,按一定的比例用分层抽样的方法抽取 10 亩进行调查,若所抽山地的亩数是平地亩数的 2 倍多 1 亩,则这个橘子园的平地和山地的亩数分别是(　　).

　　A. 45,75　　　B. 40,80　　　C. 36,84　　　D. 30,90

二、填空题

5. 为了解某市一高中的教学情况,现决定采用分层抽样的方法从高一、高二、高三三个年级中抽取 100 人进行调查,其中高一有学生 1 000 名,高二有学生 800 名,高三有学生 700 名,则应从高一年级抽取的人数为_____.

6*. 某校 3 个兴趣小组的学生人数分布如下(每名学生只参加一个小组):

年级	篮球组	书画组	乐器组
高一	45	30	★
高二	15	20	10

已知用分层抽样的方法从参加这 3 个兴趣小组的学生中共抽取 30 人,其中篮球组被抽出 12 人,则★处的值为_____.

三、解答题

7. 某公司有员工 500 人,其中不到 35 岁的有 120 人,35～49 岁的有 280 人,50 岁以上的有 100 人. 为调查员工的身体健康状况,从中抽取 100 名员工作为样本,用分层抽样的方法应当怎样抽取?

8*．一个单位的职工有 500 人，其中不到 35 岁的有 125 人，35～49 岁的有 280 人，50 岁以上的有 95 人．为了了解该单位职工年龄与身体状况的有关指标，从中抽取 100 名职工作为样本，应该怎样抽取？

8.5　统计图表

【学习目标】

知识目标：

会绘制频率分布表和频率分布直方图．

技能目标：

能够借助频率分布表和频率分布直方图解读样本数据含义．

素养目标：

培养和提升数据分析素养和问题解决能力．

【学习重点】

会绘制频率分布表和频率分布直方图．

【学习难点】

知道统计图表的特征及选用方法．

【导学】

一、导入：创设情景，导入课题

前面知道当总体个数较大时，我们采取在总体中抽取样本后，借助样本的状况分析、推测总体的情况．如何对样本调查得到的数据进行分析和观测，是我们在统计上的重要操作．但是，有时获取的数据是庞杂无序的，因此首先需要对数据进行一系列的归纳、整理，但是对于数据背后展现了怎样的实质含义，我们更多会借助图表的形式来观测．

二、精讲：突出重点，突破难点

通常利用频率分布表反映数据的分布规律，用频率分布直方图直观、形象地表示频率分布表反映的规律.

列频率分布表,绘制频率分布直方图的操作步骤:

(1)计算极差:数据中最大值 b 减去最小值 a;

(2)确定组数与组距:根据数据的多少确定分组数量 m,一般数据越多,分组越多;组距 $d \geqslant \dfrac{极差}{组数} = \dfrac{b-a}{m}$ 的最小整数;

(3)确定分点:第一组的起点可以是最小值,也可以比最小值小一点;

(4)列频率分布表:一般分成三列(分组,频数,频率),最后一行是合计,其中频数合计是样本容量,频率合计是 1;

(5)绘制频率分布直方图:横坐标表示数据分组情况,纵坐标表示频率与组距的比值.频率分布直方图绘制出来以后是若干矩形,其高为频率与组距的比值,底为组距.该矩形的面积=组距 $\times \dfrac{频率}{组距}$ =频率.

【互学】

三、合作:自主学习,小组合作

例 1 某班全体学生参加一次测试,将所得分数依次分组:$[20, 40)$,$[40, 60)$,$[60, 80)$,$[80, 100)$,绘制出如图所示的成绩频率分布图,若低于 60 分的人数是 18,则该班的学生人数是( ).

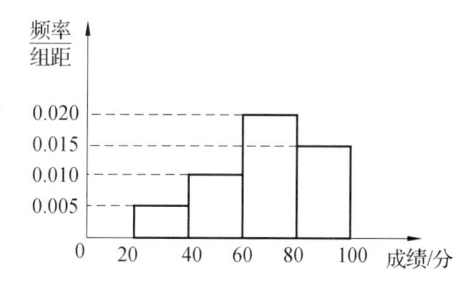

A. 50　　　　　　　　　　B. 54

C. 60　　　　　　　　　　D. 64

例 2 某中学对学生的体重展开调查研究,先从全校学生中随机抽取 30 名学生测量体重,数据(单位:kg)如下:

67,60,58,52,55,57,53,63,69,57,60,62,64,66,72,55,59,60,61,66,70,56,58,66,69,70,52,55,57,60.

请根据上述数据列频率分布表和绘制频率分布直方图.

四、巩固：当堂检测，突破自我

1. 在某中学举行的环保知识竞赛中，将三个年级参赛学生的成绩进行整理后分为 5 组，绘制出如图所示的频率分布直方图，图中从左到右依次为第一、第二、第三、第四、第五小组，已知第二小组的频数是 80，则成绩在 80～100 分的学生人数是（　　）.

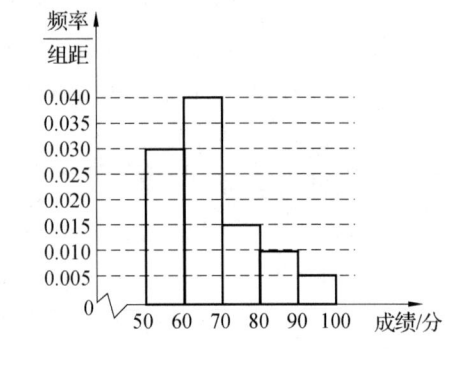

  A. 10   B. 20
  C. 30   D. 40

2. 交通拥堵指数是综合反映道路网畅通或拥堵的概念，某市交通指挥中心选取了市区 20 个交通路段，依据其交通拥堵指数数据绘制的频率分布直方图如图所示，由图可知交通拥堵指数不超过 5 的频率是（　　）.

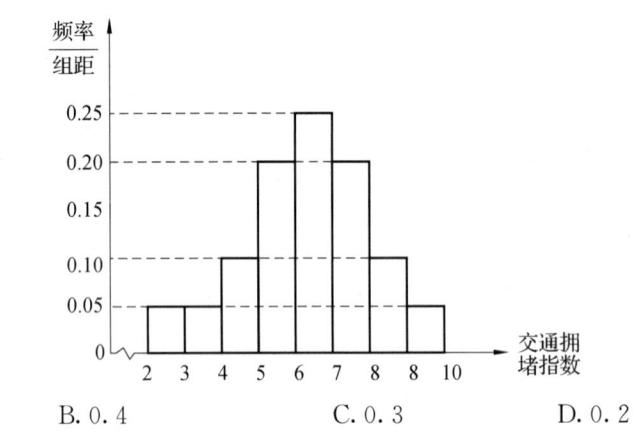

  A. 0.5   B. 0.4   C. 0.3   D. 0.2

3. 图所示为某样本数据的频率分布直方图，则下列说法中不正确的是（　　）.

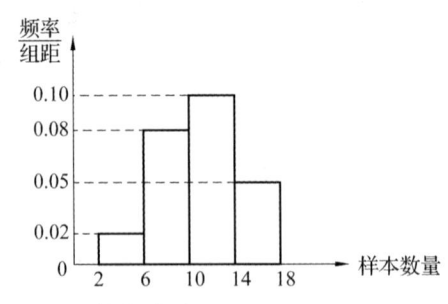

  A. 样本数据落在 $[10,14)$ 上的频率为 0.4

  B. 若样本容量为 50，则样本数据落在 $[6,10)$ 上的频数为 4

  C. 若样本容量为 50，则样本数据落在 $[2,10)$ 上的频数为 20

D. 由频率分布直方图可得出结论：估计总体数据大约有20%分布在[14，18]上

4. 某校将举办秋季体育文化节，为了解该校学生的身体状况，抽取部分男生和女生的体重，将男生体重数据整理后，绘制了频率分布直方图，已知图中从左到右前三个小组频率之比为1：2：3，第二小组频数为13，若全校男、女生比例为13：12，则全校抽取的学生人数为( )．

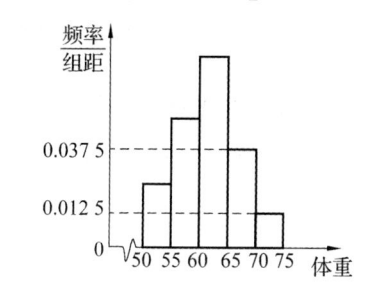

A. 100　　　　　　　　　　　　B. 80

C. 45　　　　　　　　　　　　　D. 32

五、小结：画龙点睛，提纲挈领

(1)列频率分布表时，需要借助最大值与最小值的极差和组数确定如何分组，一般起点是最小值，终点是最大值．

(2)明确分组后，在样本数据中找到符合该组范围的数值个数即频数，再求频率．

(3)频率分布直方图横轴表示各分组情况，纵轴表示频率与组距的比值．

(4)频率分布直方图中的矩形面积之和为1．

【评学】

六、互评：多元评价，促进成长

学生互评表													
评价项目	分值	等级							评价成员（第_____组）				
									1	2	3	4	5	6
学习态度	10	优	10	良	8	中	6	差	4					
课堂纪律	10	优	10	良	8	中	6	差	4					
文明用语	10	优	10	良	8	中	6	差	4					
互帮互助	10	优	10	良	8	中	6	差	4					
学习效果	10	优	10	良	8	中	6	差	4					
创新意识	10	优	10	良	8	中	6	差	4					
参与小组活动	10	优	10	良	8	中	6	差	4					
任务单完成情况	10	优	10	良	8	中	6	差	4					
笔记情况	10	优	10	良	8	中	6	差	4					
小组贡献率	10	优	10	良	8	中	6	差	4					
合计	100													

作业：课后巩固，夯实成果

一、选择题

1. 在频率分布直方图中，所有长方形的面积和等于（ ）．

   A. 1　　　　B. 2　　　　C. 10　　　　D. 100

2. 某班的全体学生参加英语测试，成绩的频率分布直方图如图所示，数据的分组依次为$[20,40)$，$[40,60)$，$[60,80)$，$[80,100]$．若低于60分的人数是15，那么该班的学生人数是（ ）．

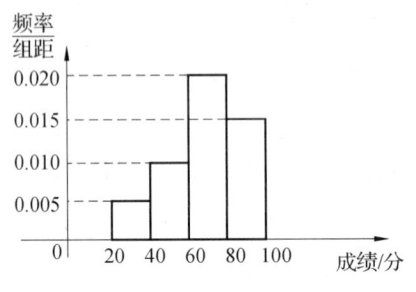

   A. 45　　　　B. 50　　　　C. 55　　　　D. 60

3. （多选）为了研究某药品的疗效，选取若干名志愿者进行临床试验，所有志愿者的舒张压数据（单位：kPa）的分组区间为$[12,13)$，$[13,14)$，$[14,15)$，$[15,16)$，$[16,17]$，将其按从左到右的顺序分别编为第一组、第二组、…、第五组，随后根据试验数据制成频率分布直方图（见图），已知第一组与第二组共有20人，第四组中没有疗效的有2人，则第四组中有疗效的人数和总人数分别为（ ）．

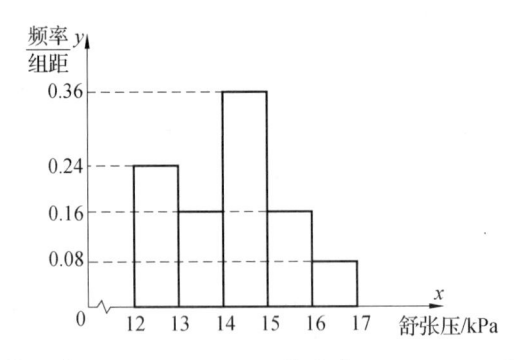

   A. 2人　　　　B. 4人　　　　C. 6人　　　　D. 8人

4*. 在样本的频率分布直方图中，一共有$m(m \geqslant 3)$个小矩形，第3个小矩形的面积等于其余$(m-1)$个小矩形面积之和的$\dfrac{1}{4}$，且样本容量为100，则第3组的频数是（ ）．

   A. 0.2　　　　B. 25　　　　C. 20　　　　D. 以上都不正确

二、填空题

5. 在一批棉花中随机抽测了500根棉花纤维的长度(精确到1 mm)作为样本,并绘制了如图所示的频率分布直方图,由图可知样本中棉花纤维的长度大于225 mm 的频数是_____.

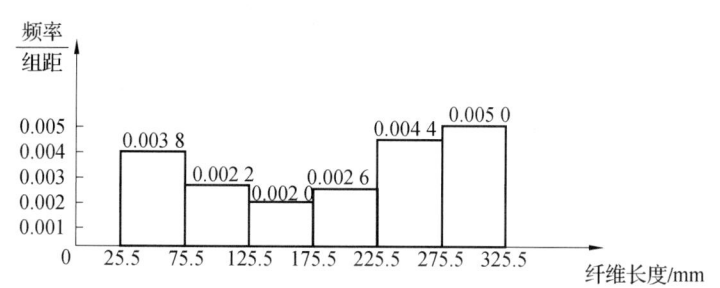

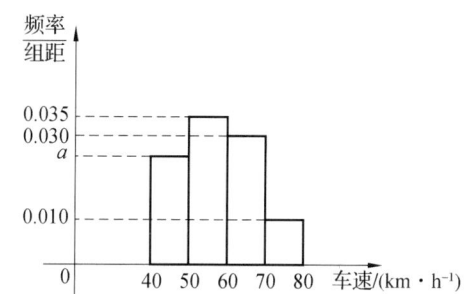

6*. 某部门计划对某路段进行限速,为调查限速60 km/h 是否合理,对通过该路段的300辆汽车的车速进行检测,将所得数据按[40, 50),[50, 60),[60, 70),[70, 80]分组,绘制成如图所示频率分布直方图. 则这300辆汽车中车速低于限速的汽车有_____辆.

三、解答题

7. 为了解小学生的体能情况,抽取某校一个年级的部分学生进行一分钟跳绳次数测试,将取得数据整理后,画出频率分布直方图(见图),已知图中从左到右前三个小组频率分别为 0.1,0.3,0.4,第一小组的频数为5.

(1)求第四小组的频率;

(2)参加这次测试的学生有多少人?

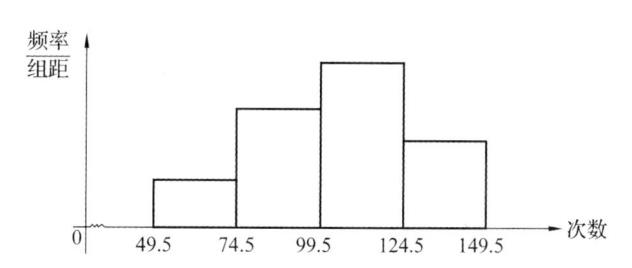

8*. 某企业为了解下属某部门对本企业职工的服务情况，随机访问 50 名职工，根据这 50 名职工对该部门的评分，绘制频率分布直方图（见图），其中样本数据分组区间为 $[40，50)，[50，60)，\cdots，[80，90)，[90，100]$.

(1) 求频率分布直方图中 a 的值；

(2) 估计该企业的职工对该部门评分不低于 80 分的频率.

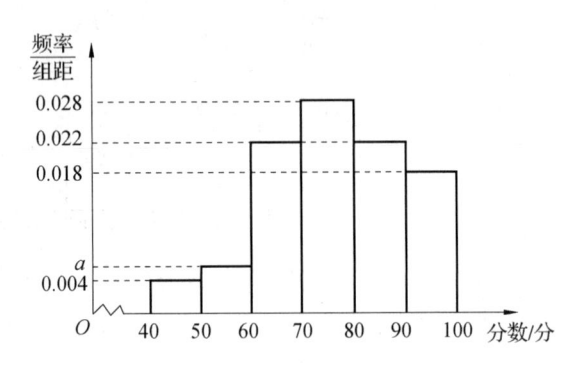

8.6 样本的均值、方差和标准差

【学习目标】

知识目标：

会求样本的均值、方差和标准差.

技能目标：

能够理解均值和方差、标准差的含义，并借助这些指标分析数据.

素养目标：

培养和提升数据分析素养和问题解决能力.

【学习重点】

会用公式和工具计算样本的均值与方差.

【学习难点】

理解均值与方差对样本数据解读的意义.

【导学】

一、导入：创设情景，导入课题

我们已经学习了，对于不同个体，相同指标之间的差异可以利用频率分布直方图直观观察. 但是对于同一个个体, 同一个指标重复测量的数据又应该用什么指标来衡量呢？例如, 学校要从两名运动员中选拔出一名参加省级 100 米短跑比赛, 其中甲运动员以往五次成绩分别是 12.0 s, 11.5 s, 9.5 s, 12.5 s, 10 s; 乙运动员以往五次的成绩分别是 11.0 s, 10.8 s, 11.2 s, 10.7 s, 11.3 s. 你能否利用两组数据给教练员提出建议呢？

二、精讲：突出重点，突破难点

这里我们引入样本均值和样本方差的概念.

从总体中随机抽取一个容量为 n 的样本, 若样本数据分别为 $x_1, x_2, x_3, \cdots, x_n$, 则称

$$\overline{x} = \frac{x_1 + x_2 + \cdots + x_n}{n}$$

为样本均值或平均数.

$$s^2 = \frac{1}{n-1}[(x_1 - \overline{x})^2 + (x_2 - \overline{x})^2 + \cdots + (x_n - \overline{x})^2]$$

被称为样本方差. 方差的算术平方根被称为样本标准差, 即

$$s = \sqrt{\frac{1}{n-1}[(x_1 - \overline{x})^2 + (x_2 - \overline{x})^2 + \cdots + (x_n - \overline{x})^2]}$$

方差越大, 波动越大; 方差越小, 波动越小。

【互学】

三、合作：自主学习, 小组合作

例 1 已知样本 $3, 2, x, 5$ 的均值为 3, 则 x 的值是(   ).

A. 2　　　　　　B. 3　　　　　　C. 4　　　　　　D. 5

例 2 甲、乙两个样本的方差分别为 $s_{甲}^2 = 6.6, s_{乙}^2 = 14.31$, 由此反映(   ).

A. 样本甲的波动比样本乙大

B. 样本乙的波动比样本甲大

C. 样本甲和样本乙的波动一样大

D. 样本甲和样本乙的波动大小无法确定

四、巩固：当堂检测, 突破自我

1. 已知 $\overline{x}$ 是 $x_1, x_2, \cdots, x_{10}$ 的平均值, a_1 为 $x_1, x_2, x_3, x_4, x_5, x_6$ 的平均值, a_2 为 x_7, x_8, x_9, x_{10} 的平均值, 则 $\overline{x} = ($ $)$.

A. $\dfrac{2a_1 + 3a_2}{5}$　　　B. $\dfrac{3a_1 + 2a_2}{5}$　　　C. $a_1 + a_2$　　　D. $\dfrac{a_1 + a_2}{2}$

2. 甲、乙两个样本的方差分别为 32.8 和 31.2，那么这两个样本的波动情况为（　　）.

　　A. 乙波动大　　　B. 甲波动大　　　C. 相同　　　D. 不能比较

3. 一组数据 23，24，25，26，27 的方差是（　　）.

　　A. 12　　　　　B. 10　　　　　C. 8　　　　　D. 2.5

4. 一组数据：5，7，7，a，10，11，8，它们的平均数是 8，则其标准差是（　　）.

　　A. 8　　　　　B. 4　　　　　C. 2　　　　　D. 1

五、小结：画龙点睛，提纲挈领

(1) 样本均值反映样本的平均水平，通常用来估计总体的平均数，样本容量越大，估计结果越可靠.

(2) 方差或标准差数值越大，说明数据波动越大；反之，方差或标准差的数值越小，说明数据越稳定.

(3) 本书重点考查对样本数据的分析，对于方差使用公式

$$s^2 = \frac{1}{n-1}[(x_1-\overline{x})^2+(x_2-\overline{x})^2+\cdots(x_n-\overline{x})^2]$$

对于总体数据的方差公式这里不做要求.

【评学】

六、互评：多元评价，促进成长

教师综合评价表			
评价项目		评价标准	分值	得分
考勤（10%）		无无故迟到、早退、旷课现象	10	
学习过程（60%）	课前准备	课前预习工作完善，准备充分	10	
	课堂参与	能够积极参与课堂活动的开展、展示	10	
	学习态度	态度端正，无故意扰乱课堂现象	10	
	合作能力	与小组成员关系协调、合作良好	10	
	职业素养	在学习过程中能体现本专业职业素养	10	
	创新意识	在课堂上有创新意识，提出不同见解	10	
学习成果（30%）	学习完整	能按时完成各环节学习任务	10	
	作业情况	能保证课堂、课后作业正确率	10	
	成果展示	能准确表达、及时复述学习收获	10	
合计			100	

作业：课后巩固，夯实成果

一、选择题

1. 同一容量的两个样本，甲样本的方差是 ln 2，乙样本的方差是 1，则（　　）.

   A. 甲的样本容量比乙小　　　　B. 甲的波动比乙大

   C. 乙的波动比甲大　　　　　　D. 乙的平均数比甲小

2. 从总体中抽一样本 13，15，18，16，17，14，则该样本的平均数为（　　）.

   A. 93　　　B. 16　　　C. 15.5　　　D. 15

3. （多选）甲、乙两人种棉花，抽取连续 5 年的单位面积产量情况如下：

   甲：80，40，100，50，90

   乙：60，70，80，35，95

   则下列说法中正确的是（　　）.

   A. 甲平均产量高　　　　　　B. 乙平均产量高

   C. 甲产量稳定　　　　　　　D. 乙产量稳定

4*. 若样本 x_1，x_2，x_3，…，x_n 的平均数为 80，方差为 4，则对于样本 x_1+2，x_2+2，x_3+2，…，x_n+2，下列说法中正确的是（　　）.

   A. 平均数为 80，方差是 2　　　B. 平均数为 80，方差是 4

   C. 平均数为 82，方差是 2　　　D. 平均数为 82，方差是 4

二、填空题

5. 给出五个数据 90，90，93，94，93，则这五个数据的平均值为_____.

6*. 样本数据 6，5，8，4，7，6 的标准差是_____.

三、解答题

7. 甲、乙两名战士在相同条件下各射靶 10 次，每次命中环数如下：

甲	8	6	7	8	6	5	9	10	4	7
乙	6	7	7	8	6	7	8	7	9	5

（1）分别计算以上两组数据的平均数；

（2）分别求出两组数据的方差.

根据数据计算结果，估计一下谁的射击水平较稳定.

8*. 某射靶校举行飞镖比赛，每位参赛老师在相同的条件下射靶 5 环，现有甲、乙两位老师命中环数如下：

次数	1	2	3	4	5
甲命中环数	8	7	10	6	4
乙命中环数	7	8	8	6	6

(1)计算两位老师的平均成绩与方差；

(2)如果要从两位老师中选出一位参加全市的比赛，选哪一位老师参赛更好？请说出你的理由．

第八章 概率与统计初步单元检测卷(A)

一、单选题

1. 设 50 件产品中只有 3 件次品，下列事件中是不可能事件的是(　　).

   A. 随机抽取 1 件是次品

   B. 随机抽取 4 件都是次品

   C. 随机抽取 5 件有正品

   D. 随机抽取 4 件至少有 1 件正品

2. 设事件 A：掷一枚均匀的骰子，向上的点数为偶数；事件 B：367 人中至少有 2 人生日相同. 下列说法中正确的是(　　).

   A. 事件 A，B 都是随机事件

   B. 事件 A，B 都是必然事件

   C. 事件 A 是随机事件，事件 B 是必然事件

   D. 事件 A 是必然事件，事件 B 是随机事件

3. 下列事件中是不可能事件的是(　　).

   A. 导体通电时，发热

   B. 某人射击一次，中靶

   C. 在标准大气压下且温度低于 0℃时，冰融化

   D. 某地 10 月 1 日下雨

4. 甲、乙两人同时各掷一枚硬币观察两枚硬币哪面向上. 这个随机试验的样本空间为(　　).

   A. {正、反}　　　　　　　　　B. {正正、反反}

   C. {正正、正反、反正、反反}　　D. {正反、反正}

5. 有 15 个样本，按从小到大的顺序排列分成 5 个组，如下：

组号	1	2	3	4	5
频数	3	2	4	5	1

第四组的频率为(　　).

   A. $\dfrac{1}{3}$　　　B. $\dfrac{1}{4}$　　　C. $\dfrac{1}{2}$　　　D. $\dfrac{1}{5}$

6. 期中考试之后，班长算出了全班 40 个人的平均分 M，如果把 M 当成一个学生的

分数,与原来的 40 个人的分数一起,算出这 41 个人的平均分 N,那么 $M：N$ 为( ).

    A. $40：41$ B. $1：1$ C. $41：40$ D. $2：1$

7. 某单位有老年人 28 人,中年人 54 人,青年人 81 人. 为了调查他们的身体状况,需从他们中抽取一个容量为 36 的样本,最适合抽取样本的方法是( ).

    A. 简单随机抽样   B. 系统抽样

    C. 分层抽样   D. 抽签法

8. 从总体中任取一个样本:2,5,9,7,7,则样本的均值是( ).

    A. 9   B. 8   C. 7   D. 6

二、多选题

9. 某射手在相同条件下射击 5 次,命中环数分别为 7,9,9,8,7,则该样本的方差为( ).

    A. 与标准差数值一致   B. 0.80

    C. 0.89   D. 1

10. 下列抽取样本的方式中不属于简单随机抽样的为( ).

①盒子里共有 80 个零件,从中选出 5 个零件进行质量检验. 在抽样操作时,从中任意拿出一个零件进行质量检验后再把它放回盒子里.

②从 20 件玩具中一次性抽取 3 件进行质量检验.

③某班有 56 名同学,指定个子最高的 5 名同学参加学校组织的篮球赛.

    A. ①   B. ②   C. ③   D. 不确定

11. 下列说法中正确的是( ).

    A. 简单随机抽样中每个个体被抽到的机会一样,与先后无关

    B. 系统抽样适用于元素个数很多且均衡的总体

    C. 分层抽样中,每个个体被抽到的可能性与层数及分层无关

    D. 以上说法都不正确

12. 有 20 名学生,编号从 1 至 20,现从中抽取 4 人做问卷调查,用系统抽样法所抽的编号为( ).

    A. 5,10,15,20   B. 2,7,12,17

    C. 2,4,6,8   D. 5,8,11,14

三、填空题

13. 已知某厂的产品合格率是 95%,从该厂抽出 20 件产品进行检查,其中合格产品的件数最有可能是_____.

14. 某高中学校的三个年级中共有学生 3 000 名,若从学校随机抽取一名学生,抽到高二年级女生的概率是 0.15,则该校高二女生的人数是_____.

15. 一个容量为 n 的样本分成若干组,其中某一组的频数和频率分别是 60 和 0.3,则 $n=$_____.

16. 已知数据 x_1,x_2,x_3,x_4,x_5 的平均数是 22,则数据 x_1+1,x_2+2,x_3+3,x_4+4,x_5+5 的平均数是_____.

四、解答题

17. 样本数据 13,15,16,17,14 的标准差是多少?

18. 为了解某市一高中的教学情况,现决定采用分层抽样的方法从高一、高二、高三三个年级中抽取 100 人进行调查,其中高一有学生 1 000 名,高二有学生 800 名,高三有学生 700 名,则应从高一年级抽取的人数是多少?

19. 一批产品有 30 个,其中含有 3 个次品,从中随机抽取 1 个.
(1)求这个产品是次品的概率;
(2)求这个产品是正品的概率.

20. 已知下面一组数据：

24　21　23　25　26　28　24　29　30　29　26　25　24　27　28　22
24　26　27　28

填写频率分布表.

分组	20.5～22.5	22.5～24.5	24.5～26.5	26.5～28.5	28.5～30.5
频数					
频率					

21. 某中学组织了一次数学学业水平模拟测试，学校从测试合格的男、女生中各随机抽取 100 人的成绩进行统计分析，分别制成了如图所示的男生和女生数学成绩的频率分布直方图.

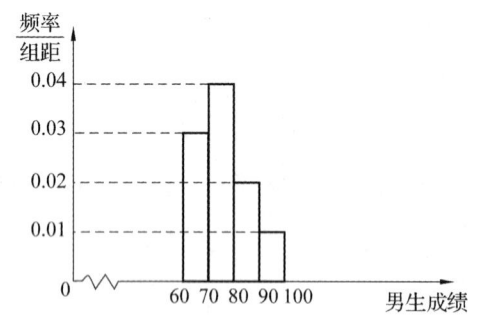

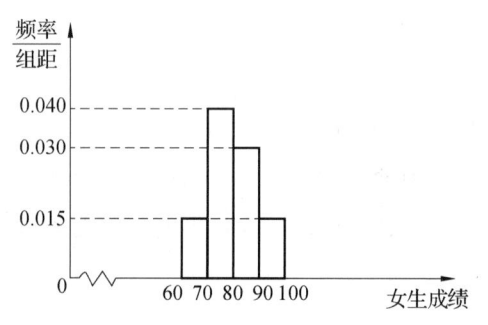

（注：分组区间为 [60，70)，[70，80)，[80，90)，[90，100]）

若得分大于或等于 80 认定为优秀，则男、女生的优秀人数各为多少？

22. 有关部门要了解甲型 H1N1 流感预防知识在学校的普及情况，命制了一份有 10 道题的问卷到各学校做问卷调查．某中学 A、B 两个班各被随机抽取 5 名学生接受问卷调查，

A 班 5 名学生得分为 5，8，9，9，9

B 班 5 名学生得分为 6，7，8，9，10.

(1) 计算两个班问卷得分的均值和方差；

(2) 根据计算结果，请你判断 A、B 两个班中哪个班的问卷得分要稳定一些.

第八章　概率与统计初步单元检测卷(B)

一、单选题

1. 先后掷 2 枚质地均匀的硬币，观察落地后硬币向上一面的情况，则下列事件中包含 3 个基本事件的是(　　).

   A. 至少 1 枚硬币正面向上　　　　B. 只有 1 枚硬币正面向上
   C. 2 枚硬币都正面向上　　　　　　D. 1 枚硬币正面向上，1 枚硬币反面向上

2. 下列事件中是随机事件的是(　　).

   A. 如果 a，b 都是实数，那么 $a+b=b+a$

   B. 某人射击两次，恰有一次中靶

   C. 没有水分，种子发芽

   D. 同性电荷，相互排斥

3. 下列事件中，属于不确定事件的是(　　).

   A. 常温下，锡会熔化　　　　　　B. 水蒸气遇冷能够凝结
   C. 上海龙华古寺是一座千年古塔　D. 电话铃声一响就被接听

4. 下列表示不可能事件的是(　　).

   A. Z　　　　B. N　　　　C. R　　　　D. $\varnothing$

5. 对总数为 N 的一批零件抽取一个容量为 30 的样本，若每个零件被抽取的可能性为 25%，则 N 为(　　).

   A. 150　　　　B. 200　　　　C. 100　　　　D. 120

6. 有 40 件产品，其中一等品 10 件，二等品 25 件，次品 5 件，现从中抽出 8 件进行质量分析，应采取的抽样方法是(　　).

   A. 抽签法　　B. 随机数表法　　C. 系统抽样　　D. 分层抽样

7. 完成下列两项调查：①从某社区 125 户高收入家庭、280 户中等收入家庭、95 户低收入家庭中选出 100 户，调查社会购买能力的某项指标；②从某中学的 15 名艺术特长生中选出 3 名调查学习负担情况，宜采用的抽样方法依次是(　　).

   A. ①简单随机抽样，②系统抽样

   B. ①分层抽样，②简单随机抽样

   C. ①系统抽样，②分层抽样

   D. ①②都用分层抽样

8. 一个频数分布表(样本容量为 35)不小心被损坏了一部分，若样本中数据在 $[20, 60)$ 上的频率为 0.8，则估计样本在 $[40, 50)$，$[50, 60)$ 内的数据个数共为(　　).

分组	(10, 20)	(20, 30)	(30, 40)
频数	3	4	5

A. 16　　　　B. 17　　　　C. 18　　　　D. 19

二、多选题

9. 甲、乙两人在同样条件下练习射击，每人打 5 发子弹，命中环数如下：甲：8，8，9，9，8；乙：10，7，7，7，9，则两人射击成绩（　　）．

　　A. 甲比乙稳定　　　　　　　　B. 乙比甲稳定

　　C. 甲比乙平均分高　　　　　　D. 甲比乙平均分低

10. 要完成下列两项调查：

(1)某社区有 100 户高收入家庭，210 户中等收入家庭，90 户低收入家庭，从中抽取 100 户调查有关消费购买力的某项指标；

(2)从某中学高二年级的 10 名体育特长生中抽取 3 人调查学习情况，应采用的抽样方法分别是（　　）．

　　A. (1)用简单随机抽样　　　　B. (1)用分层随机抽样

　　C. (2)用简单随机抽样　　　　D. (2)用分层随机抽样

11. 下列说法中错误的是（　　）．

　　A. 平均数反映数据的集中趋势，方差反映数据分散程度的大小

　　B. 一组数据的平均数一定大于这组数据中的每个数据

　　C. 平均数、众数与中位数从不同的角度描述了一组数据的集中趋势

　　D. 众数是一组数据中最大的数

12. 某班共有 52 人，现根据学生的学号，用系统抽样的方法，抽取一个容量为 4 的样本，已知 3 号、42 号学生在样本中，那么样本中还有两个学生的学号是（　　）．

　　A. 29　　　　B. 23　　　　C. 19　　　　D. 16

三、填空题

13. 水产试验厂对某种鱼进行人工孵化，经统计研究，每 10 000 个鱼卵大约能孵出 8 000 尾鱼苗．根据概率的统计定义，要孵化 5 000 尾鱼苗，大概要准备鱼卵 _____ 个．

14. 设袋子内装有大小相同，颜色分别为红、白、黑的球共 100 个，其中红球 35 个，从袋子内任取 1 个球，若取出白球的概率为 0.25，则取出黑球的概率为 _____．

15. 一枚骰子连续投 2 次，点数和为 4 的概率为 _____．

16. 某校高一年级有 400 名学生，在一次数学测试中，成绩都在 [80，130]（单位：分）内，其频率分布直方图如图所示，则 $a = $ _____；这次测试数学成绩不低于 100 分的人数为 _____．

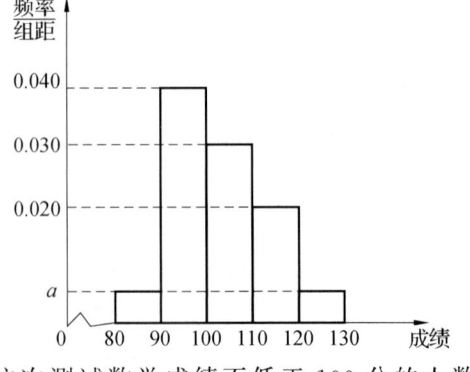

四、解答题

17. 一个路口的红绿灯，红灯的时间为 30 s，黄灯的时间为 5 s，绿灯的时间为 40 s，当你到达路口时看见下列三种情况的概率各是多少？

    (1)红灯；(2)黄灯；(3)不是红灯.

18. 某辆汽车每次加油都把油箱加满，下表记录了该车相邻两次加油时的情况.

加油时间	加油量/L	加油时的累计里程/km
2022 年 10 月 1 日	12	35 000
2022 年 10 月 15 日	60	35 600

(注："累计里程"指汽车从出厂开始累计行驶的路程)在这段时间内，该车每 100 km 平均耗油量为多少？

19. 某公司生产甲、乙两种产品的数量之比为 5∶3，现用分层抽样的方法抽出一个样本，已知样本中甲种产品比乙种产品多 6 件，则甲种产品被抽取的件数是多少？

20. 某中职校为了了解学生对"垃圾分类"知识的掌握和应用情况，进行抽样调查．已知该校学生共有 3 000 人，其中高一学生 1 050 人，高二学生 1 000 人，高三学生 950 人，现从中随机抽取 60 人完成垃圾分类知识问卷，问卷得分如下：

得分区间	[40, 50)	[50, 60)	[60, 70)	[70, 80)	[80, 90)	[90, 100]
频数	3	7	11	15	15	9

(1)如采用分层抽样从各年级中抽取样本，请问：三个年级分别抽取了多少人？

(2)若得分 80 分以上评级为"优秀"，请问：评级为"优秀"的频率是多少？

21. 某商场举行购物抽奖促销活动，规定每位顾客从装有编号为 0，1，2，3 四个相同小球的抽奖箱中，每次取出一个球记下编号后放回，连续取两次. 若取出的两个小球号码相加之和等于 6，则中一等奖；若等于 5，则中二等奖；若等于 4 或 3，则中三等奖.

(1) 求中三等奖的概率；

(2) 求中奖的概率.

22. 为了检测甲、乙两种高粱的生长情况，从甲、乙两种高粱苗中各抽取 10 株，分别测得它们的株高（单位：cm）如下：

甲：21　42　39　14　19　22　37　41　40　25

乙：27　16　40　41　16　44　40　40　27　44

哪种高粱的苗长得高些？哪种高粱的苗长得比较齐？为什么？

参考答案